培养阅读能力的N个法则

上

PEI YANG
YUEDUNENGLIDE N GEFAZE

张金洪 ◎ 编著

中国出版集团

现代出版社

图书在版编目（CIP）数据

培养阅读能力的 N 个法则(上) / 张金洪编著. —北京：现代出版社，2014.1

ISBN 978-7-5143-2161-6

Ⅰ . ①培… Ⅱ . ①张… Ⅲ . ①读书方法 - 青年读物 ②读书方法 - 少年读物 Ⅳ . ①G792 - 49

中国版本图书馆 CIP 数据核字(2014)第 008747 号

作　者	张金洪
责任编辑	王敬一
出版发行	现代出版社
通讯地址	北京市安定门外安华里 504 号
邮政编码	100011
电　话	010 - 64267325 64245264(传真)
网　址	www.1980xd.com
电子邮箱	xiandai@cnpitc.com.cn
印　刷	唐山富达印务有限公司
开　本	710mm×1000mm　1/16
印　张	16
版　次	2014 年 1 月第 1 版　2023 年 5 月第 3 次印刷
书　号	ISBN 978-7-5143-2161-6
定　价	76.00 元(上下册)

目　录

第一章　打开阅读之窗

第二章　培养阅读兴趣

第三章　养成良好的阅读习惯

第四章　培养综合能力（上）

第一章　打开阅读之窗

阅读是人们获得知识的一种最基本、最重要的途径。阅读可以增加我们的知识积累，开阔我们的视野，丰富我们的想象力，改善我们的思维品质，提升我们的创造能力；阅读可以开启我们的心灵之窗，塑造我们的灵魂，引导我们积极向上，涵养我们的精神；阅读可以丰富我们的情感，使我们更富于人性，更懂得求真、为善和审美；阅读可以改变人的心境，增加人的生活情趣，使人生活得更加充实、更有意义。

我们身处这个科技飞速发展、知识更新速度加快的时代，只有具备良好的阅读能力，通过阅读不断地掌握新知识，吸收新思想，我们的思维才不会呆滞，思想才不会僵死，创造力才不会枯竭。大量的阅读能够使我们站在一个全新的视角看世界，以更加灵活多样的方法解决实际问题。与此同时，借助于阅读这一积极的消遣方式来修身养性，能够使我们始终保持生活的激情，使我们的人生更加精彩，更加辉煌。

第一节　阅读的意义

阅读是一项日积月累的、潜移默化的精神活动。阅读影响着一个人素质中最基本、最核心的部分——价值观、审美观、道德观和人生观。阅读既是一个人了解世界和思考世界的过程，又是一个人心灵自我观照的过程，即通过阅读来反省自我、提升自我，从而养成内省和深思的习惯，因而它对于人的成长、成才和成就事业都至关重要。

英国哲学家培根在《论读书》一文中说："读书足以怡情，足以博采，足以长才。"这几句话道出了读书的主要意义。

一、阅读是获得知识的主要途径

一个人事业上的成就总是同他的学识成正比的。学识从何而来，主要从书本上获得。虽然一切知识与经验都来自于实践，但我们不可能凡事都亲自去实践。人生短暂，如果事必躬亲，获得的知识肯定很有限。事实上，我们所掌握的知识，大量来自于前人的实践和经验，来自于书本。因此，阅读是获得知识的主要途径。法国学者安德碎莫罗瓦说："当今的文明是我们前人世世代代知识和经验的结晶。要想享有它，就要阅读。无论是讲授或直观教学，都达不到同样的教育效果。图像，能清楚地解说一篇文章，却不适宜培养思维能力。电影和教课一样，放映完毕，也就销声匿迹了；过后想再查看它，很不容易，甚至是不可能的。而书籍，却是我们最好的终生伴侣。"

二、阅读是开启智慧之门的金钥匙

阅读可以开阔我们的视野，活跃我们的思维，增强我们的创造力。阅读可以增强人的智能主要在于两个方面：一是知识是形成能力的基础，而阅读是获得知识的主要途径；二是阅读过程始终伴随着人的思维活动，通过阅读，可以改善人的思维品质，促使人的思维能力的提高。苏霍姆林斯基认为阅读是智力和思维发展的源泉，通过大量的阅读，人们可获得大量的知识，打好智力基础，乃至情感、审美基础。他在《给教师的一百条建议》中说："学生的学习越困难，他的脑力活动中遇到的困难越多。他就越需要多阅读，就像感光力弱的胶卷需要更长的感光时间一样，成绩差的学生，智力也需要更明亮和更长时间的科学知识之光来照耀。不是补习，不是识字一样的督促，而是阅读、阅读、再阅读。"

三、阅读能够丰富人的思想，提升思想境界

阅读可以增加人的文化积累，提高人的文化素养。阅读是人们吸取优秀文化营养的主要途经，通过阅读，人们在脑海里逐渐积累有意义的东西，各种信息、文化因子在头脑里聚集、碰撞、渗透、积淀，逐步提高人的文化素养。

书中人物的高尚品德和人格魅力对阅读者的人格形成具有潜移默化的影响。如我们读海明威的《老人与海》，书中桑提亚哥的拼搏精神无疑会给我们以激励和鼓舞。

　　阅读可以涵养人的精神。书籍带给我们的不仅是对心中信念的坚守，更是对我们思想和心灵的升华与净化。阅读可以在超越世俗生活的层面上，建立起我们的精神家园。如读冯玉祥将军给张学良的赠语——"要小心，要谨慎，学吃亏，学让人，遇事能忍，生活俭勤；不自夸，不骗人，诚诚实实、厚厚纯纯乃是根本。"这样具有积极思想意义的文本对阅读者做人、做事都有或多或少的影响。

　　阅读能够给人以勇气和力量。人生的道路不是一帆风顺的，当遭遇坎坷时，阅读就是我们的力量之源，它使我们从书中获得勇气和力量，迈开坚实的脚步踏平坎坷；在失意、彷徨、忧虑的时候，阅读能在我们的心中点亮一盏灯，祛除我们内心深处的阴暗，使我们的内心世界一片灿烂；当我们处于生活的十字路口、心中一片茫然的时候，阅读犹如一记精神的路标，能够使我们的心中豁然开朗。

四、阅读是调节身心的重要方法

　　阅读是一种最佳的休闲和娱乐方式，它可以使人陶醉在想象与联想之中，沉醉在美妙的意境之中，受到情感的熏陶，获得精神的鼓舞；它能带给人喜悦与满足，使人产生美妙的感觉，在满足、感动、愉悦中深刻地体验到人生的乐趣，始终保持生活的热情。课后、工余，泡一杯茶，读几页书，大千世界尽收眼底，笔底乾坤任你驰骋，这样的休闲既轻松愉快，还会有多方面的收获。

第二节　阅读的类型及方式

　　雨果说："书籍是改造灵魂的工具。人类所需要的是富有启发性的养料。而阅读则正是这种养料。"读书，让生命保持与年龄无关地、向上地生长。读优秀的书籍，能为人格和灵魂增添正面、积极的东西。深度的阅读，必然会心为所动，将阅读中的点滴感悟与思考，投射到现实生活中。

　　二十一世纪是知识经济时代，读书的首要意义便在于获得知识，将知识转换成生产力，形成推动社会向前发展的推动力。在这个大时代背景下，阅读已然成为一种自我投资，这个时代要求我们不断读书求知，更新知识、提升思想。

一、阅读的几种类型

　　任何人读书都有一个明确的目的，或为积累知识，或为丰富思想，或为开阔视野，或为愉悦身心等，依据阅读目的的不同，阅读可以分为以下几类：

1. 积累性阅读

　　任何一种能力的形成都要依赖坚实的知识基础。拿语文能力的形成来讲，没有字、词、句的大量积累，语言的理解和运用能力就难以形成。积累性阅读就是为夯实知识基础而进行的阅读。一般来讲，积累性阅读有两种：一种是无特定目标的自由阅读。其特点是事先没有确定的阅读范围，只要是有益的、自己感兴趣的，都可以读；阅读的时间也没有限定，茶余饭后，课间休息，旅途等车，所有零碎时间都可以利用；没有明确的阅读要求，读多读少，读深读浅，都以自己的实际情况而定。这种积累性的阅读，只要长期坚持，也能有较大的收获，但积累缓慢，不利于能力的迅速培养与提高。另一种是有明确的阅读目的、对文本有所选择的阅读，其最大特点是根据自己的需要和目的有针对性地选择阅读材料。比如说为了培养阅读能力，就选择那些词汇丰富、语言优美的文本来读，以增加自己的语言积累，为阅读能力的形成奠定基础。这种积累性阅读目标明确，重点突出，收效较大，有利于能力的迅速形成和提高。

2. 理解性阅读

理解性阅读是借助于已经积累的知识对文本的内容进行感知和消化，使知识转化为能力的阅读。其特点是以增长才干、改善思维品质和丰富思想为主要目的。因为任何一种能力的形成都是建立在对相关知识的深刻理解之上的，所以理解性阅读是青少年学习各门功课都必须用到的。理解性阅读的要点是在正确理解字、词、句意思的基础上，反复阅读文本，对其所承载的内容进行彻底地消化，有选择地吸收，从而丰富自己的知识，提升自己的思维水平，培养和提高自己的创造和创新能力；或者丰富自己的思想，提高自己认识问题、分析问题和解决问题的能力。

积累性阅读和理解性阅读都属于求知性阅读。求知性阅读的根本特征是通过阅读获得知识，启迪心智。在阅读过程中不仅仅满足于对文本浅层意蕴作简单的认知和掌握，而且渴望获得新的审美感受和思想启迪，从而使自己的精神境界和思想水平提升到一个新的高度。这种阅读由于有着较为明确的目的，阅读主体在对阅读文本的接受过程中，注意提炼、吸收和消化文本传达出的新信息，进而将之与自身已有的思想进行融合。阅读过程中知识接受和能力形成同时进行。

3. 鉴赏性阅读

鉴赏性阅读主要是就文学作品的阅读与欣赏而言的。其作用主要有三个方面：一是能够提高语言感受力。文学是语言的艺术，文学作品的鉴赏首先是对其语言的感知和理解，从而感受到语言的魅力。在这一过程中，语言感受力就自然而然地得到培养和提高。二是提高想象与联想能力。文学作品的欣赏过程始终伴随着想象与联想，因为只有充分地展开想象和联想，作品所塑造的形象和所描绘的情境才能在读者的脑海中浮现出来，才能被读者感知和认识。因此，鉴赏性阅读能够丰富想象力、增强联想能力。三是净化人的灵魂。文学作品能够唤起人的情感体验，触及到人的内心深处，使人的灵魂得到净化。

鉴赏性阅读也是一种消遣性的阅读。消遣性阅读，是人们为了调节身心，消除疲劳而进行的一种阅读。消遣性阅读对于阅读主体的知识素养、审美能力没有过高要求，阅读主体也不必对阅读材料进行深度切入和透彻理解，更不必刻意追求从阅读文本中获得富有创见的新思想或更多的新知；对阅读材料的选择，阅读主体更多的是从感觉和兴趣出发，而很少考虑文本的思想价值和艺术价值。

消遣性阅读有助于培养人们的阅读兴趣和阅读习惯，又能促进求知性阅读能力的提高，因此，培养阅读能力可以从消遣性阅读入手——首先是书目的选择。在肯定是优秀作品的前提下，尽可能选一些有情趣的、优美的、有吸引力的作品；其次是加强阅读方法的指导，使阅读主体从文本中吸收更多的思想，获得更多的知识。

二、阅读的方式

要提高阅读效果，必须根据所阅读的文本的内容选择相应的阅读方式。阅读方式主要有以下几种：

1. 朗读和默读

朗读是眼、耳、口、脑多器官并用的阅读方式，其基本特征是出声。其原理是文字信息通过眼睛传输到大脑，大脑中枢对语言信息进行处理后指令嘴巴发声，声音信息再通过耳朵传回到大脑，由大脑进行再分析。在这一过程当中，多种感觉器官协同作用，对表达同一内容的语言信息进行反复地感知，从而在大脑中留下深刻的印象。采用这种阅读方式，不仅能够深刻地理解文章所表达的思想，体会文章所表达的感情，而且能够有效地培养语言感受力。

默读是眼、脑两种器官协同作用的阅读方式，其特征是不出声。语言信息通过眼睛进入大脑后，大脑对其进行一次性的分析和处理。采用这种阅读方式，便于对文本内容进行琢磨、咀嚼，利于对文本进行透彻的分析。

2. 精读和泛读

精读是对文本进行逐字逐句地深入钻研，通过对重要的语句和章节透彻的理解，来全面消化文本的一种阅读方式。精读最基本的一个特征是"细嚼慢咽"，必要时对同一文本进行多遍地读、反复地读。在读的过程中，对不理解的字词借助于工具书进行正确的理解，有疑惑处查阅资料搞清楚；可以采用朗读、背诵和摘抄等多种方法加深对文章内容的理解和记忆。精读是积累知识和培养能力最有效的一种阅读方式。

泛读是一种浏览式的阅读方式，其特点是不强求弄清每一个字词的意思，只求理清作者的思路，理解文章的主要内容，抓住文章的要点，把握文章的主旨，体会文章的写作特点，以获得对文章的整体认识即可。泛读是扩大阅读量，开阔视野、活跃思维和增长知识的一种重要的阅读方式，其要点是阅读时要有侧重、有取舍，不能面面俱到。

关于精读与略读的关系，叶圣陶先生说："精读是准备，略读才是应用。"对于青少年来讲，要把精力放在精读上，因为只有通过精读，我们的语文能力才能培养起来。说明白一点就是，精读是培养阅读能力的一种阅读方式，泛读是应用已经形成的阅读能力获取知识的一种阅读方式。

3. 速读

速读是快速阅读的简称，指在有限的时间内尽快地、有目的地、有效地阅读文字材料，并获得所需信息的方式。速读强调快速，其主要原理是采用科学的视读法，减少眼停的次数、时间和回视，扩大视读广度，达到提高速度的目的。这种阅读方式适用于资料查阅和信息浏览。

速读是近年来人们十分热衷的一个话题，有人将其作用强调到了夸张的程度，这是一种认识上的误区。作为一种阅读方式，速读的有效使用面很窄，仅适用于资料查阅、信息浏览和消遣性阅读。

三、有效阅读的几个要素

真正有效的阅读是独立思考地钻研文本，弄懂那些先前不懂的东西，由知之甚少到懂得较多，由思想狭隘到心胸宽广，由思维呆滞到大脑灵活。怎样才能做到有效阅读呢？一般来讲，有效阅读必须具备以下几个要素。

1. 要带着自己的思想去读书

阅读的目的是为了丰富和完善思想，活跃思维，增长才干。就丰富思想来讲，阅读实际上就是通过与作者的心灵对话，从作者的思想中汲取一些有益的东西，并将其转化成我们自己思想的一部分。在这一过程中，转化是最为关键的，不经过转化，作品的思想与我们自己的思想不能得以全面的兼容，有时还可能吞食掉我们的思想。这样一来，我们的思想不仅没有得到丰富和提高，反而会变得愈加单薄。要将从文本中获得的思想转化为我们自己的思想，最根本的做法是借助于我们自己的思想去分析、鉴别和取舍，在此基础上以我们的思想作为溶剂来"溶解"从作品中汲取的思想，使其真正成为我们思想的有机组成部分。这就需要我们带着自己的思想去阅读。

就增长才干来讲，如果一味地按书本办事，我们就会变成偏执的书呆子。关于这一点，叶圣陶先生说："死读书，读死书，最后就要读书死，这是培养不出人才的。"只有带着自己的思想去读书，以审视的眼光来看书中所写，才能真正把书读活，从中获得最大的收益。

2. 要注意阅读文本的选择

在浩如烟海的书籍世界中，我们很容易迷失方向。抛开那些能使人中毒的坏书不谈，仅就思想内容健康的文本来看，其中大多为供人消遣而作，其思想浅薄，知识含量低。读这样的书不仅不能丰富和提升我们的思想，而且不能增长我们的才干，徒劳而无益。道理很简单：我们只有从比我们高明的人那里才能学到东西。同样，只有读学识和见解都超过自己的书才可能有较大的收获。因此，文本的正确选择是有效阅读的前提。

（1）要读思想厚重的书

有许多人读了很多书却依然思想贫乏，见识浅陋，其根本原因是因为他们读的书本身思想十分贫乏，不能丰富和提升人的思想。要知道，有些势利小人专门迎合那些碌碌无为的读者，出一些思想单薄、毫不费力就能阅读的东西。那些书一读就懂，也能给人以愉悦，但却不能给人以思想上的增益，不能使人有才能上的长进。因此，我们应该读那些在知识方面和思想上都超出我们现有水平的书。这样的书不仅能够增加我们的情趣、唤起我们的生活激情，而且能够使我们思想充满活力，同时提升我们的思维水平与想象力，强化我们的创造与创新能力。

（2）要读能够增加才干的书

阅读是获得和积累知识的主要途径。通过阅读，我们可以在短时间内获得前人千百年来摸索出来的成功经验，使自己变得聪明起来；通过阅读，我们对自然和社会的认知不断增加，视野变得开阔，思维变得活跃，创造能力大大增强。要真正获得这么多的收益，有一个十分重要的前提，那就是必须阅读那些能够使人增长才干的书。因为人世间的书不是每一本都能够给人正确的知识，即使能够传授正确知识的书，也不一定都对我们有益，所以，阅读首先必须从自己的实际出发做好文本的选择工作。

（3）要读能够陶冶情操的书

从学做人的角度讲，阅读是接受灵魂的洗礼。文学是人类灵魂的净化剂，其中渗透着人类至真至美的情感，寄托着人们的精神追求，昭示着人们立身行事的准则；倡导以天下为己任的道义担当，褒扬舍生取义的气节操守；激发人的生活热情，使人更加热爱生活；鼓舞人奋发向上，培养人坚强的意志力。这些，是那些庸俗作品所无法企及的。

多读能够陶冶情操的文学作品，不仅能够在人的心灵深处播下善良的种子，使人富有同情心、宽容心和仁爱心，而且能够使人具有一双善眼，从审美的角度看人生，使人更加热爱生活。

第三节　阅读的四种层次

阅读是学习的重要手段。哈佛家庭教师指出，一共有四种层次的阅读。之所以称为"层次"，而不是"种类"，原因是，严格来说，种类是样样都不相同的，而层次却是再高的层次也包含了较低层次的特性。也就是说，阅读的层次是渐进的。第一层次的阅读并没有在第二层次的阅读中消失，第二层次又包含在第三层次中，第三层次又在第四层次中。事实上，第四层次是最高的阅读层次，包括了所有的阅读层次，也超过了所有的层次。

一、第一层次的阅读：基础阅读

基础阅读也可以叫做初级阅读、基本阅读或初步阅读。不管是哪一种名称，都指出一个人只要熟练这个层次的阅读，就摆脱了文盲的状态，至少已经开始认字了。在熟练这个层次的过程中，一个人可以学习到阅读的基本艺术，接受基础的阅读训练，获得初步的阅读技巧。这个阅读层次的学习通常是在小学时完成的。

青少年首先接触的就是这个层次的阅读。他的问题是要如何认出一页中的一个个字。孩子看到的是白纸上的一堆黑色符号，或是黑板上的白色符号，而这些黑色符号代表着"猫坐在帽子上"。一年级的孩子并不真的关心猫是不是坐在帽子上，或是这句话对猫、帽子或整个世界有什么意义。他关心的只是写这句话的人所用的语言。

在这个层次的阅读中，要思考的问题是：这个句子在说什么？当然，这个问题也有复杂与困难的一面，不过，这里所说的只是最简单的那一面。

不论我们有多精通这样的阅读技巧，我们在阅读的时候还是总会碰上这个层次的阅读问题。比如，我打开一本书想读的时候，书中写的却是我们不太熟悉的外国文字，这样的问题就发生了。这时，我们要做的第一步努力就是去弄清楚这些字。只有当我们完全明白每个字的意思之后，我们才能试着去了解，努力去体会这些字到底要说的是什么。

其实，就算一本书是用本国语言写的，许多读者仍然会碰上这个阅读层次的各种不同的困难。大部分的困难都是技术性的问题，有些可以追溯到早期阅读教育的问题。克服了这些困难，通常能让我们读得更快一些。因此，大部分的速读课程都着眼在这个层次的阅读上。

二、第二层次的阅读：检视阅读

检视阅读特点在于强调时间。在这个阅读层次，学生必须在规定的时间内完成一项阅读的功课。比如，他可能要用 15 分钟浏览完一本书。因此，用另一种方式来形容这个层次的阅读，就是在一定的时间之内，通常时间比较短，抓住一本书的重点。

这个层次的阅读也可以叫做略读或预读。但并不是说略读就是随便或随意浏览一本书，检视阅读是系统化略读的一门艺术。在这个层次的阅读上，读者的目标是从表面去观察这本书，学习到书的表象所教给你的一切。

如果第一层次的阅读所问的问题是"这个句子在说什么",那么在这个层次要问的典型问题就是"这本书在谈什么"。这是个表象的问题,还有些类似的问题是:"这本书的架构如何?"或"这本书包含哪些部分?"用检视阅读读完一本书之后,无论你用了多短的时间,你都该回答得出这样的问题:"这是哪一类的书,小说、历史,还是科学论文?"

大多数人,即使是许多优秀的阅读者,都可能会忽略检视阅读的价值。他们打开一本书,从第一页开始读起,孜孜不倦,甚至连目录都不看一眼。因此,他们在只需要粗浅翻阅一本书的时候,却付出了仔细阅读、理解一本书的时间,这就加重了阅读的困难。

三、第三层次的阅读:分析阅读

比起前面所说的两种阅读,分析阅读要更复杂、更系统化。随着文章难易程度的不同,在使用这种阅读法的时候,多少会相当吃力。

分析阅读就是全盘的阅读、完整的阅读,或是说优质的阅读,读者能做到的最好的阅读方式。如果说检视阅读是在有限的时间内,最好也最完整的阅读,那么分析阅读就是在无限的时间里,最好也最完整的阅读。

一个分析型的阅读者一定会对自己所读的东西提出许多有系统的问题。分析阅读永远是一种专注的活动。在这个层次的阅读中,读者会紧抓住一本书,一直要读到这本书成为他自己为止。弗兰西斯·培根曾经说过："有些书可以浅尝即止，有些书是要生吞活剥，只有少数的书是要咀嚼与消化的。"分析阅读就是要咀嚼与消化一本书。

如果读者的目标只是获得资讯或消遣，就完全没有必要用到分析阅读。分析阅读就是特别在追寻理解的、相对的，除非你有相当程度的分析阅读的技巧，否则你也很难从对一本书不甚了解，进步到多一点的理解。

四、第四层次的阅读：主题阅读

这是最高层次的阅读，也是所有阅读中最复杂也最系统化的阅读。对阅读者来说，要求也非常多，就算他所阅读的是一本很简单、很容易懂的书也一样。也可以用另外的名称来形容这样的阅读，如比较阅读等。

在做主题阅读时，阅读者会读很多书，而不是一本书，并列举出这些书之间相关之处，提出一个所有的书都谈到的主题。但只是书本字里行间的比较还不够，主题阅读涉及的远不止此。借助他所阅读的书籍，主题阅读者要能够架构出一个可能在哪一本书里都没提过的主题分析。因此，很显然地，主题阅读是最主动也最花力气的一种阅读。

主题阅读不是个轻松的阅读艺术。虽然如此，主题阅读却可能是所有阅读活动中最有收获的。就是因为会获益良多，所以绝对值得读者努力学习如何做到这样的阅读。

五、掌握好阅读速度

大多数人应该有能力比他们现在读的速度还更快一点，更何况有很多东西根本不值得我们花那么多时间去读。如果我们不能读快一点儿，简直就是在浪费时间。的确没错，许多人阅读的速度太慢，应该要读快一点儿。但是，也有很多人读得太快了，应该把速度放慢才行。一个经过训练的好的阅读者应该知道用不同的阅读速度，而不是一味求快，而忽略应该分析的具体内容，该是依照读物的性质与复杂程度，用不同的速度来阅读。

许多书其实是连略读都不值得的，另外一些书只需要快速读过就行了。有少数的书需要用某种速度，通常是相当慢的速度，才能完全理解。一本只需要快速阅读的书却用很慢的速度来读，就是在浪费时间。这时，速读的技巧就能帮你解决问题。但这只是阅读问题中的一种而已。要了解一本难读的书，其间的障碍，并非一般所谓生理或心理障碍所能比拟甚或涵盖。会有这些障碍，主要是因为阅读者在面对一本困难但值得一读的书时，完全不知道如何是好。他不知道阅读的规则，也不懂得运用心智的力量来做这件事。不论他读得多快，也不会获得更多，因为事实上，他根本不知道自己在寻找什么，就算找到了，也不清楚是不是自己想要的东西。

所谓要掌握好阅读速度，不只是要能读得快，还要能用不同的速度来阅读一要知道什么时候用什么样的速度是恰当的。检视阅读是一种训练有素的快速阅读，但这不只是因为你读的速度快，而是因为在检视阅读时，你只读书中的一小部分，而且是用不同的方式来读，带着不一样的目标来读。分析阅读通常比检视阅读来得慢一些，但就算你拿到一本书要做分析阅读，也不该用同样的速度读完全书。每一本书，不论是多么难读的书，在无关紧要的间隙部分就可以读快一点儿。而一本好书，总会包含一些比较困难应该慢慢阅读的内容。

第四节　阅读能力的解读

读书并不容易，"会读"就更不简单。这里据说的会读书，并不是指拿一本书或一篇文章，能按字逐句较流畅地念下来，而是说要会理解，能品味并化为自己的知识，就是说要具有一定的阅读能力。什么是阅读能力？所谓阅读能力，是指在阅读实践中和阅读后的理解、分析、概括和联想能力。

一、阅读能力的内容

阅读能力不是一下子就形成的，它是在长期的阅读过程中逐步培养起来的。同其他知识积累一样，阅读能力的养成有一个从低级到高级的渐进过程，通常所说的阅读能力，大致包括以下四方面：

1. 语言感受能力

阅读能力首先表现为对文本的理解能力，理解能力的核心是对语言的感受能力。对语言的感受能力简称语感。语感就是人们对语言文字正确、敏锐、丰富的感受力，是人们直觉地感受、领悟、把握语言文字的一种能力。语感强，捕捉语言信息的能力和运用直觉思维处理语言信息的能力就强，即阅读能力强。因此，叶圣陶指出：语言文字的训练最要紧的是训练语感。吕叔湘先生也认为语文教学的主要任务是培养学生的语感。

2. 思想分析、辨别与兼容能力

阅读不仅是对文本思想内容的理解，更重要的是对文本思想的兼容与吸收，这就需要读者具备对文本思想的分析、辨别和吸收能力。就对文本思想的分析和辨别能力来讲，读者的思想既是一把尺子，也是一面镜子；就对文本思想的吸收能力来讲，读者的思想犹如溶剂，文本思想好比溶质。一个人的思想如果博大如海，他就有消化和包容一切思想的能力，这样的人拿到什么样的文章读不懂呢？从本质上讲，思想是阅读能力赖以形成的基础——语言是思想的载体。语言能力的高下实际上是由思想修养所决定的，思想浅薄的人语言必然是苍白的。不注重丰富和提升思想，谈语言理解能力的提高无异于纸上谈兵。因此，要提高阅读能力，首先必须丰富和提升自己的思想。这是提高语文能力的一条根本途径。

3. 文本情境的再现能力

阅读过程一般都伴随着思维具象，表现比较突出的是在文学作品和一般记叙性文体的阅读过程中，大脑中始终浮现文章所描绘的人、事、景、物等十分清晰的形象。其他文体的阅读过程同样伴随着思维具象，只是与文学作品的阅读相比，大脑中的思维具象有些模糊而已。从本质上讲，大脑中思维具象的产生是读者对文本内容感知的结果，是进一步理解、消化和吸收文本思想的一个前提，因此，再现文本情境的能力是构成阅读能力的一个重要因素。

对于文本情境的再现，需要读者具有丰富的想象与联想能力。作品的语言文字，要还原为读者脑海中的思维具象要靠想象和联想，联想和想象是读者进入作品情境的唯一途径；作品中原有的画面、情境、意象，要衍生出新的内容，即象外之象、境外之境，也需要联想和想象。想象能力强，再现文章所写生活情境的能力就强；想象力丰富，就能从文章的字里行间"见人所未见"。具备了良好的想象能力，理解和消化文章的能力就强，就能够从文章中吸收更多的思想营养。联想能力强的人，善于将文章所写与现实联系起来，能够从文章的字里行间看到鲜活的生活，这样，既容易从文章中获得启示和感悟，达到对文章深透的理解，又能够从文章中获得比较大的思想收益。

想象和联想能力既是语文能力形成的重要基础，又是构成语文能力的核心因素，加强想象和联想能力的培养是快速提高语文能力的根本途径。不仅如此，加强想象与联想能力的训练，还可以改善人的思维品质，提高人的创新能力。

4. 丰富的语言积累

学习语言的方法不是靠理性分析，而是靠对语言直接地感受和积累。朗读就是对语言进行直接感受最好的方法，读得多了，文章的语言、节奏、句式、格调等自然而然地浸润到读者的内心深处，不知不觉中就提高了读者对语言的感受力，转化成了学生的语言能力。

二、培养阅读能力的科学原理

怎么培养阅读能力？仅靠字词句的积累、推敲与玩味是远远不够的，抛开对文章的解剖性研究而津津乐道阅读的方式方法也是不行的。必须遵循阅读的科学原理。

写作过程是作者通过观察、体验和感受，将鲜活的现实生活通过大脑的形象思维用文字描绘出来，而阅读就是读者通过大脑的想象和联想将抽象的文字还原到生活，即在大脑中浮现出活生生的生活场景，这是科学阅读的第一原理。因此，要提高阅读能力，首先必须加强想象与联想能力的训练，提高自己对作品所写生活情境的再现能力。

作者对社会生活中人、事、物、景的描写无一不渗透着作者自己的思想和情感。对文章思想内容的理解过程，实际上就是借助于自己的思想来消融作者在作品中渗入的思想的过程，这是科学阅读的第二原理。如果把阅读比作一个特殊的"溶解"过程，那么，读者的思想是"溶剂"，作者渗透在作品中的思想是"溶质"。大家知道：在"溶质"不变的情况下，"溶剂"越多，"溶解"能力越强。这就是说，读者的思想越丰富，阅读文章的能力就越强；读者的思想境界越高，评价作品的能力就越强。因此，丰富和提升自己的思想是全面提高阅读能力的一条有效途径。

为了增强语言的表现力，使其能够更好地表达思想、抒发感情，给人以更强烈的审美享受，作者总是注重于语言的锤炼和表现技法的运用。读者阅读文章，必须通过对语言的感知和理解才能进入情境，即"披文以入情"，这是科学阅读的原理之一。这就要求我们必须有良好的语感，具备相关的语文基础知识。因此，加强诵读，掌握语法、修辞和写作知识是提高阅读能力的重要途径。

第五节　阅读存在的误区

由于对"多读"二字的片面认识，许多青少年在阅读上走入了误区，其结果是虽然读的书很多，但阅读理解能力却没有太大的提高。

一、阅读存在的三大误区

1. 泛泛而读不求甚解

现在绝大多数同学把"多读"仅仅理解为大量的阅读，因而一味地追求阅读速度，结果是泛泛而读，不求甚解。这样读书，语文能力自然无法提高。为什么呢？阅读理解能力实际上是对文章思想的消化、吸收能力，自己的思想很浅薄，怎么能消化和包融文章的思想呢？这个道理正如大海与溪流。大海因为它的博大深广而能容进天下溪流，而溪流因其浅薄而难纳大海之万一。只有当我们的思想十分的丰富时，我们消化、吸收文章思想的能力才强，也就是说阅读理解能力才能增强。每读一篇文章，将其读深读透，化其思想为我们自己的思想，这样日积月累，我们的思想就会变得博大精深，理解和消化别人思想的能力就大大增强，阅读理解能力就自然而然地增强了。

阅读能力的强弱，不能用阅读速度来衡量。阅读的真正收获也不在于你读了多少，而在于你能领会多少。所以，我们强调要多读，最根本的一点是对同一文本采用不同的阅读方式和方法进行多遍阅读，反复感知、理解和分析，从中获得最大的收益。

2. 拈轻怕重

可供人们阅读的文本有两种：一种是一看就懂，也能给人以审美享受，或能使人轻而易举获得知识的；另一种是比较艰深，需要努力钻研才能弄懂的。在这两种文本之中，后一种更有利于人们丰富知识、提升思想和提高阅读能力。然而，在实际阅读时，人们往往选择前者，这是阅读的一大误区。在文本选择上拈轻怕重，就会使大脑缺乏真正的磨练，思维水平不能得到提高，阅读能力自然就不能得到很好的培养。

内容浅显的文本虽然也能带给我们一定的乐趣，丰富我们的见闻，增加我们的知识积累，但对于提高我们的理解能力并没有多大的帮助。真正能够快速提高我们的思想水平和理解能力的是那些内容艰深的文本。因为这些文本的内容超越了我们现有的水平，我们必须通过查阅资料、认真思考才能完全理解，这样一来，我们的知识积累就增加了，理解能力就增强了。

3. 猎奇和追求刺激

任何一个时代，都会有一些奸商迎合人们的低级趣味，出版一些类似于毒品一样的坏书。这些书通过给人的大脑带来刺激而腐蚀人的灵魂，消磨人的意志，使人不分善恶，思想堕落。还有一些文本，虽然不能用一个"坏"字去描述，但不能给人以知识上的增益和思想上的熏陶，它们实际上是一种文学的麻醉剂。比如，现在有相当多的网络小说、鬼怪故事和犯罪纪实作品，看起来热热闹闹，抓得人心里舒坦，可其中不仅没有思想养分，还含有大量的毒素。青年人读这样的作品如同吸食精神毒品一样，容易上瘾，不仅会荒废学业，而且会荒芜心田。这样的书读得多了，不仅语文能力培养不起来，而且还会降低人的思想免疫力。

那些制造毒品的人，很清楚毒品害人，但是为了金钱，他们将良知抛之脑后。和那些制造毒品的人一样，那些流氓文人和奸商明知坏书害人，但为了金钱也抛弃了自己的良知。所以说，不是什么书都可以拿来读，正如不是什么药都可以拿来吃一样。同学们应该读什么，最好听听老师的建议。

二、青少年阅读误区的具体表现

1. 虽然读完了书，却不知道读了些什么

正在读初中二年级的小丽觉得历史课太难了，她抱怨即使在学校和补习班里学过了以后，也还是不能完全理解，因为需要背诵的

内容太多，一转眼就忘记了，所以学得非常吃力。

如果在学校和在补习班里各学一遍，就意味着将相同的内容反复学习了两遍，但是还是不能理解，一味地说太难，这种现象让人很难理解。更严重的问题是：阅读课本后不能理解内容的科目不仅仅是历史。在这种情况下，应该关注的不是青少年觉得哪一门功课吃力，而是他们的阅读能力处于什么水平。

像小丽这样，抱怨书本内容读了以后也不知道是什么意思的青少年实际上是不会边读边思考，而将注意力集中在了阅读行为的本身。特别是在阅读以背诵为主的社会学教科书时，因为有需要将所有内容背诵下来的压力，所以从一开始就没有一边理解一边阅读，而是一味地死记硬背，结果可想而知。他们不知道只有充分理解了，才能够更好地记忆。反过来想一想，他们是不是因为不能理解内容，才拼命地要背诵下来呢？

将众多问题综合起来分析的结果是：小丽的最大问题在于阅读能力远远低于就读年级的水平。大脑里什么内容都没记下，却还要一直坐在书桌旁，这是一件多么吃力的事情啊！如果这种状态一直持续下去，小丽就会变成只要一提学习就会很头痛的学生，从此与学习渐行渐远。

当然，历史课堂上的学习不仅让小丽感觉到难，就连阅读能力很强的学生也会感觉难，需要背诵从古代开始的各种各样的历史事件，还有极易混淆的历代皇帝的名字，对任何人来说都不可能是件容易的事情。但是，阅读能力强的孩子在阅读难度较大的内容时能理解并独立分析，相反，阅读能力差的孩子甚至无法把握文章的脉络。如果这样学习下去，不但不能够积累学习策略，甚至还可能成为孩子们放弃学习的原因。既然用功了也不行，还怎么能一直坚持下去呢？

像小丽这样，虽然用功地阅读了，却跟没有阅读一样的"空读"症状最早可能出现在小学低年级，起初还并不明显。但"空读"症状从阅读内容增加的小学高年级开始会慢慢显现，到初中变得相当严重。问题变得严峻以后，解决起来就需要花费很长的时间。因此，父母应该在为阅读能力打基础的小学低年级时开始检查孩子的阅读能力，并帮助其进行提高，同时更应该让孩子们认识到阅读能力的重要性，这是因为如果只有父母认为是问题，而孩子们不认为是问题的话，就无法使问题得到彻底解决。

2. 读完书后，分不清自己知道什么，不知道什么

"有问题吗？如果不懂的话可以提问。"这是上课结束后，教室里经常看到的景象，老师们问是否有问题，学生们不知道应该问什么，只是眼睛一眨一眨地望着老师，他们只希望能够尽快下课。

问题多的学生在课堂上会积极参与，积极参与的学生会主动地读书。这样的孩子能够很准确地判断学习的内容中哪一部分已经理解了，哪一部分还没有理解。准确地知道自己知道什么、不知道什么的能力叫做"初认知能力"，具备出色阅读能力的孩子也就是初认知能力的孩子。初认知能力强的孩子在读书的时候如果遇到不容易理解的内容，他们会自主地制订阅读战略，会自动调节阅读速度，或是重新阅读前面的部分。

但是，初认知能力不强的孩子虽然在读书，却不知道自己书本的内容是否已充分理解了，还有哪一部分没有理解。因为不知道问

题在哪里，所以也就无法找到解决问题的方法。更糟糕的是，因为他们只将注意力放在阅读本身上，即使不理解书本的内容，也会误认为自己已经全部理解了，所以他们虽然学习的时间很长，阅读的书也很多，但是成绩却还是不好。

阅读的中心是"我"，阅读的过程中如果出现了问题，能够解决问题的也是"我"，首先孩子应该准确地知道自己的阅读能力水平，进而找出自身的问题并找到解决问题的办法。

3. 无法集中精力阅读，找不出核心内容

不能集中精力阅读主要是因为书的内容与自身的阅读水平不符，或者因为没有背景知识而无法感受到读书的乐趣。

眼睛固定在书本上，却迟迟不翻页，这并不是在读书，只是呆呆地盯着书看而已，这种症状是因为不能集中精力进行阅读而引起的。不能集中精力进行阅读的原因在于书的内容与自身的阅读能力水平不符，或者说是因为对书的内容没有任何的背景知识，所以感觉生疏、没兴趣。

如果是因为书的内容与自身的阅读能力不相符而无法阅读，那么就需要使书的内容符合自身的阅读水平，但如果是因为对要阅读的书没有任何背景知识而无法集中精力阅读下去的话，问题就不一样了。

如果对书本的内容需要有一些背景知识，那么就需要通过提问等方式将记忆中的背景知识全部调动出来，或者重新阅读与背景知识相关的书籍，从现在开始积累新的背景知识。背景知识一旦积累起来，是在任何时候都可以调动出来使用的，也是可以随时重新积

累的。

如果父母或者老师产生了"孩子觉得这本书难"的想法，与其一边教，一边让孩子吃力地读，不如找一本相关主题的相对简单的书让孩子阅读。因为孩子只有能动地激发起自己的好奇心，才能更容易地积累背景知识，进而从阅读中感觉到乐趣。即使以后读到感觉困难的书，也会因为书中处处有自己知道的内容，而不再像从前那样只是一味地说难。

如果已经挑选了很简单的书，也还是不能够调动起孩子的好奇心，那么也可以选择漫画或者动画资料等孩子喜欢的方式。

4. 听力和口语差，成绩一直下滑

听力和阅读在理解内容的层面上并没有什么区别，阅读能力很强的孩子在听别人说话时会立即对说话的内容进行整理，同时对将来可能会说的话进行预测，所以阅读能力强的孩子学习能力也好。

"嗯？什么？再说一次。"听对方说话或看电视的时候，有的孩子会经常向旁边的人询问那个人说了什么，为什么会说这样的话或为什么会有这样的行动等等，这都是因为他不能够及时理解对方的语言或行动。如果没有其他的特别原因，孩子的听力不好大部分是因为阅读能力差引起的。

听力和阅读在理解上差别不大，只是听力是声音语言，而阅读是文字语言罢了。有很强阅读能力的孩子在听别人说话时也会立即对说话的内容进行整理，同时对将来可能会说的话进行预测和推测，在对话过程中，即使漏听了几句话，也能够很快地知道对方刚才说过什么话，并能够迅速把握对方说话的意图。

相反，阅读能力差的孩子在对话时不能够集中精力，也不能够有条理地表达出自己想说的话，所以他们经常会不理解对方所说的话和所做的行动，反复地进行提问。有些孩子会随着年级的升高而成绩有所下降，这是因为孩子的阅读能力水平没有及时地随年级的增加而提高。随着学年的升高，句子会越来越长，难懂的词汇也会出现更多，书上的字体逐渐变小，内容密密麻麻。人们普遍认为孩子既然年级升高了，就应该理所当然地具有更高的阅读能力，没有一个人教孩子们阅读的方法，这是因为长辈们误认为孩子只要阅读就一定能够理解。

孩子年级升高后，父母应该首先检查孩子的阅读能力是否与他的年级水平相符，如果不能达到，则需要培养孩子的阅读能力，使之与就读的年级水平相符，这才是提高成绩的最佳方法。

5. 找到孩子的阅读问题

如果存在问题，就一定有解决的办法。下面是孩子在阅读的时候可能出现的问题，父母在与孩子一起阅读后，将与自己孩子情况相符合的内容标记出来。

诊断阅读障碍的方法：不管怎样努力，课堂上也无法集中精力听讲；对话的时候会说出与自己想法完全不一样的话；自己认为考试里会出现的问题一个都没有出现；尽管拼命地学习，成绩也没有什么提高；觉得已经准备得很完美了，还是会出现一两个错误；做错的问题，如果由父母朗读一遍后，便可以做对；随着年级的增长，成绩一直下滑；课本上的内容好像都很重要；读书的进度很慢；明明是读过的内容，却很难找到在书中的哪个位置；如果父母或课外辅导老师不帮忙，就会担心成绩下降；并不清楚正在阅读的部分是什么内容，却在反复机械地阅读；几乎没有仔细读过书的标题、卷首语、目录、题目等；阅读过程中如果觉得没有意思就放下不读了；即使没有不知道的生词，也很难掌握文章的意思；经常按照字面的意思去理解隐喻的表达；很难找到与应用问题相关的解题方法；如果登场人物较多，就会感觉混乱；英语考试中，与其他部分相比，阅读部分的成绩最差；虽然已经读过了，但是如果针对书中的内容进行提问，却还是回答不上来。

　　在以上情况中，与孩子情况相符的内容如果少于3项，则说明孩子已经具备了一定程度的阅读能力。但即使如此，也应该针对存在的问题进行解决和完善。如果孩子独自解决起来很困难的话，可以在父母或老师的帮助下提高阅读能力。如果相符的内容多于10项，则需要立即找有关专家商谈解决的办法，时间拖得越久，问题就会变得越严峻。

第二章　培养阅读兴趣

　　兴趣是人从事实践活动的强有力的动力之一。任何人只要对从事的某项活动有很大兴趣，他就能积极地、创造性地完成这些活动。相反，如果一个人对于从事的某项活动不感兴趣，不要说创造性地工作，即使是一般性地完成任务也是很困难的。因此，要使青少年养成阅读能力，最好的办法就是设法激发孩子对阅读的兴趣。

　　爱因斯坦曾经说过："兴趣和爱好是最好的老师"。当我们激起青少年阅读的兴趣之后，就能够让青少年自觉主动地去读书，去寻找他们自己想要读的书，父母也就不再会为让青少年读书而费神了。

第一节　兴趣是最好的老师

　　书籍是人类发展和进步的阶梯，人类的智慧大多是从阅读中获得的。知识就是力量，我们每一个人都懂得这个道理，正因为如此，许多望子成龙、望女成凤的父母都有一个心愿，便是希望孩子能够多读一些书，能够从书本中多掌握一些知识。于是，许多做父母的便在无形中要求孩子或者自己给孩子挑选一些书，让孩子去读。

　　让孩子多读一些书是一件好事，可惜的是，有许多孩子不能很好地顺着父母的心思去做，这让父母觉得自己的孩子很不听话，因为孩子并没有像父母所想象的那样，去认真阅读他们精心挑选的书籍，甚至在很多时候，孩子表现出来的是一种无声的对抗。或许父母对孩子这样的做法感到委屈，觉得自己的好心得不到好报，孩子们不能明白做父母的良苦用心。这种情形是十分常见的事，也是令许多父母感到头痛的事。其实，只要做父母的能够站在孩子的角度仔细地想一想，也就很容易理解引起这种情形出现的原因所在。

家长们想让孩子多读一点书，虽说是件好事，但是应采取正确的方法，切不可从自我的主观意识出发，不管孩子愿不愿意，以一种命令式的方式逼着孩子们去阅读，其结果只会适得其反。虽然含辛茹苦的父母的想法和出发点是好的，但是，他们没有找到一种合适且有效的方法来教育自己的孩子。其实，只要做父母的能寻找到适当的、有效的，并能够让孩子接受的方式方法，他们的孩子就会像他们所期待的那样，成为一名喜欢读书，并且能够从书籍中获得许多知识的好孩子。

那么，什么样的教育方法才适合孩子呢？这种有效的教育方法是什么呢？回答其实很简单，正确的方法应当是从孩子的爱好和兴趣出发，帮助孩子制订一个读书的计划。根据他们的喜好，循序渐进地逐步培养孩子们读书的兴趣。

兴趣，是唯一能让孩子们喜欢读书的前提。这是每一个做父母的应当牢记在心的事情，并且要有效地利用孩子们的兴趣，积极采取有效的方式对孩子加以引导，让孩子对读书产生兴趣。只要做到了这一点，孩子就会逐渐养成阅读的习惯，父母该做的事就是正确引导。

王斌是一名小学五年级的学生，学习成绩并不好，但是他十分喜欢运动，特别是对足球运动达到了如痴如醉的地步。当然，像这样好动的孩子，让他静下心来去看书是一件很难办的事。王斌的母亲是一名小学教师，深知孩子只有从小打好基础，广泛地阅览书籍，才能积蓄到以后所需的知识和能力。于是，她总是给王斌买书，并且规定王斌一定要看某些方面的书籍。

王斌的母亲对王斌的要求十分严格，可是王斌呢，并不了解母亲的苦心，并且对母亲的这种要求相当排斥，只不过他没有完全表现出来，而是在母亲在的时候假装看书，母亲不在眼前时，就立刻放下书本，跑到外面去和小伙伴踢球。王斌的母亲一开始并不知道，还以为王斌真的把她买的书都看了呢。直到有一天，她发现王斌并没有认真看那些书，因此十分生气，把王斌狠狠地"教训"了一顿。她原本以为这样王斌便会去看那些书，但结果出乎她的意料。

她将这一情况告诉了一直忙于工作的丈夫。王斌的父亲听后，想了想，婉转地说她的方式不对，应当采取一些技巧，并且保证他能让王斌自觉地看书。王斌的母亲对这些话半信半疑。有一天，王斌正和小伙伴在小区的空场地踢球。父亲笑呵呵地让王斌过来，说有些事想和他聊聊。王斌有些不情愿地走到父亲的身边，还担心父亲会批评他呢。没想到，父亲跟他聊起了足球，先从贝克汉姆、罗纳尔多、郝海东等王斌喜欢的中外球星说起，又聊起了足球的历史。父亲所讲述的这些事虽说王斌也知道一些，但是，他没有想到父亲竟然比他还要了解。王斌一扫刚才的担心和害怕，饶有兴趣地问父亲怎么了解得这么多。

父亲笑着说都是看书看来的。看书？王斌听了父亲的话后，感到有些不自然。父亲笑了笑，接着说："今天，我就和你说到这儿，有时间我们再聊。"就在那天晚上，王斌主动向父亲问起白天所说的足球方面的知识是从哪本书上看来的，并且问现在是不是能找到那本书。父亲正等着这句话呢，于是，便将早就准备好的几本足球知识的书和关于某位球星的传记拿了出来。王斌以浓厚的兴趣将父亲给他的书看完了。看完后，父亲和王斌聊了一次，从那几本书中引申出球星成功的经历，并且向王斌建议，如果要多了解这方面的知识，不妨多看看书。就这样，王斌在不知不觉中养成了读书的习惯。

王斌的事例是不是能给父母什么启示？也许父母已经认识到，要让孩子养成读书的习惯，其实方法很简单。只要想办法引起孩子们的阅读兴趣，当孩子对书籍产生兴趣后，他们就会自觉地去读书，寻找自己想要读的书籍。当然，做父母的也不要忘记对孩子加以正确的引导。

第二节　影响青少年阅读兴趣的因素

我国古代大教育家孔子曾经说过"知之者不如好之者，好之者不如乐之者。"可见兴趣是最好的老师，是人们从事任何活动的动力，学生对阅读感兴趣，才能从内心深处对课外阅读产生主动需要，才会减轻疲劳感，才能把阅读当成是一种享受，才能感受阅读的乐趣，也才能事半功倍。

学生把阅读当作一种兴趣、休闲活动，将可养成阅读的习惯，将可获得各种知识，对于陶冶其情操，培养审美能力，提高学生语文水平，提高文化素养，也是至关重要的。学生有了阅读兴趣，才能从内心深处对课外阅读产生主动需要。适时施教，在学生开读的最佳时段，教师帮助其树立起阅读的兴趣是每个语文教师的责任，也是语文教育走向成功的机遇。

经调查发现，有相当多的学生还没有培养起积极阅读的兴趣，不具有经常阅读的习惯。其原因大致有以下几点：

一、应试教育的影响

教师严重地被应试教育束缚了思想，考什么就教什么，考什么就练什么，一切围绕考试转，师生陷入汪洋题海。从家庭的角度来看，应试教育也使得家长只关注学生的考试成绩，而一般不会积极地去为学生创造阅读的条件。

二、可供学生独立支配的时间太少

虽然教育部几次出台减轻中小学生课业负担的措施，但由于目前以考试为主的选拔人才的体制没有变，以分数为主的学习评价方式没有变，再加上偏颇的人才观念以及由于目前工作竞争压力而导致的家长对孩子的期望值过高等原因，总的来看，这些措施还没起到应有的作用。目前，我们国家青少年的课业负担仍然偏重，可供青少年独立支配的时间相对较少。

三、电视等媒体的冲击

以电视为主的现代信息媒体以其传播信息的形象性、生动性、快捷性和丰富性，成为人们获取信息、获取愉乐的主要途径，这使得人们用于阅读的时间大大减少。电视媒体对儿童的文本阅读也产生一定的消极影响。

四、青少年难以接触到适合自己阅读的优秀读物

受应试教育和功利主义思想的影响，成人提供给学生的读物多以各种作文选集及各种练习册为主，深受学生喜爱的各种优秀的儿童读物很难走进学生的生活世界。

五、来自于学校语文教育的弊端抑制了学生的阅读兴趣

以肢解、分析为主的阅读教学模式，破坏了文章的整体美；以考查抽象分析能力为主的阅读测试，影响了学生阅读的自信心。学校语文教育的弊端抑制了学生的课外阅读兴趣。

六、纯功利化的阅读观挫伤了学生的阅读兴趣

一些教师把学生的阅读目的指向好词好句的积累，指向为写作服务，在布置学生进行课外阅读的时候，总是与词语的摘抄与读后

感的写作联系在一起。摘抄词句和写读后感带给学生的心理压力挫伤了学生的阅读兴趣。

七、没有形成一套培养学生良好阅读习惯的完整体系

虽然有些教师和学校意识到阅读对学生学习语文的重要性，对学生一生发展的重要性，但由于缺乏深入细致的研究，无论是对课内阅读的指导还是对课外阅读的评价，无论是对课外读物的选择，还是对实施课内外阅读的互动研究等，都没有形成一套完整的体系。没有系统的理论作指导，使学生良好的阅读习惯的形成效率大打折扣。

第三节　阅读兴趣从小培养

大家都知道"开卷有益"，何况这又能培养青少年未来爱看书报的兴趣，使他终生获益。但是，怎样才能让孩子心甘情愿地开卷，并且乐此不疲，父母恐怕就得下点儿工夫了。

一、激发儿童的阅读兴趣

多带孩子上图书馆。学校老师如果能多出些要利用图书馆资料才能完成的作业，或家长帮孩子自小就养成"一有问题就上图书馆找答案"的习惯，天长日久，孩子便会懂得从书本中能获得知识。

书本可以解决困难，自然就会乐意接近书本，进而养成阅读习惯。

多讲故事给孩子听。说故事本身就是一种口语文学。孩子在听了好听的故事后，会激起对故事情景的幻想，以及对故事细节的探究，进而引起翻阅原书的兴趣。儿童图书馆就经常举办"说故事时间"之类的活动，为儿童介绍新书或馆藏书，通常会得到孩子热烈的响应，使借书率大增。这就像优秀的改编电影或精彩的改编电视连续剧上演，会带动原著图书风行是同样的道理。

接触制作精良的故事录音带或儿童文学录音带。美国有许多"儿童文学视听套装"出售，因为有的孩子喜欢看书，有的孩子喜欢听录音带，所以，商家提供多种媒介来吸引孩子的兴趣。只要媒介内容制作精良，就能引起孩子阅读原书的兴趣。

当然，如果孩子真的对阅读没有兴趣，也千万不要强求，"万般皆下品，唯有读书高"的时代已经过去，不愉快的阅读经验只会带来孩子对读物的反感，反而不利。况且天底下的好事情还多得很，阅读不是唯一的，培养孩子好奇、求真的心可能更重要，绝不要为了阅读而阅读，这是痛苦的。

二、激发阅读兴趣讲究技巧

法国当代著名作家、哲学家，存在主义文学的创始人萨特，小时候经常看到外祖父在闲着的时候，总是一个人待在他自己的书房里，这使小萨特对外祖父的书房产生了极大的兴趣。有一次，他看到外祖父进书房待了很长时间。于是，他也很好奇地来到书房中，问：

"外公，你在这里干什么呢？"

"我在和朋友交谈呢。"外祖父看到小萨特进来，笑着说。

"你的朋友们在哪儿呀？这里除了你没有别人。"广萨特奇怪地说道。

"噢，朋友们多着呢，你瞧，他们在书里呢。"外祖父指着一摞摞的书说。

"在书里？"小萨特看着满屋子的书充满了好奇，"他们在说什么呀？"

"他们给我讲了很多有趣的故事，你想听吗？"

"当然了。"小萨特高兴地说。

于是，外祖父就翻开一本书，给小萨特讲了一个神话故事。小萨特听得入了迷，讲完了，还缠着外祖父继续给他讲。

外祖父说："孩子，这里有趣的故事太多了，讲一年也讲不完呀。今天就讲到这里吧，我还要去上课呢。你要想知道更多有趣的故事，就自己去学识字，然后就可以自己看书了。"

以后，小萨特经常到外祖父的书房来，那里面到处都是书，有的书因为很久都没有人动而落满了灰尘。虽然小萨特还不认识多少字，也不明白这些书是说什么的，但他十分喜爱那些像沉重的砖头一样的东西。很快这里成了他经常来的地方，那些古老而伟大的著作在那里包围着他，让他在这里自得其乐。在外祖父的引导下，萨特走进了一个知识的世界。

有好几次，小萨特看到年迈的外祖父，就像是个司仪牧师，拿那些书时动作非常灵巧。他经常看到外祖父悠然自得地从椅子上站起来，转身走进房间，随意地取下一本书，好像一点儿也用不着思考和挑选似的。接着，他一边走一边用食指和拇指迅速地翻着书页。然后又坐回到他的那张椅子上，不一会儿他就准确地翻到了他所要读的那一页。书页不断地在他的手中发出清脆的响声。外祖父这一连串的动作，让小萨特觉得他仿佛是在进行一种特别的仪式。这样的仪式让萨特看得很入迷，有很多次，他慢慢地靠近那些像神秘盒子一样的书，伸出小手去轻轻地抚摸它们，他非常想知道它们上面写的究竟是什么东西。

　　母亲看到这一切很高兴，专门为小萨特买了许多适合他阅读的书籍，从此小萨特就开始和书籍打上交道了。后来萨特成了法国著名的大作家，可以说他辉煌的生命是在书籍中开始，最终也是在书籍中结束的。他一生与书籍难解难分的缘分，就是外祖父那种引导式的读书教育方式缔造的。

　　这个例子说明，孩子的阅读兴趣是逼不出来的，激发时要讲求一定的技巧。培养孩子读书与之有共通的道理，要把孩子内心的原动力引导出来。有了原动力，孩子自然就会主动地去找书来读了，这样，家长才能够事半功倍。兴趣是最好的老师。

三、吊吊孩子的胃口

　　开始时，我们可以通过讲故事的形式，把孩子吸引到书本当中来。如讲童话故事、神话传说、中外名人故事，尝试在绘声绘色地讲到关键处时，就戛然而止，然后，向孩子推荐合适的读物。这时孩子急于了解故事的下文，很容易产生读书的兴趣。当孩子读完以后，还可以请孩子讲讲故事的内容，并给予鼓励，进一步强化孩子的阅读兴趣。以趣引读，读中生趣，对培养孩子阅读的兴趣，确是一个好方法。读书兴趣的引导是一个长期的过程，不可能是一朝一夕形成的，父母诱导孩子读书的一个诀窍在于细水长流，不断给孩子以新的刺激，不断吊孩子的胃口。一次阅读不要花太长时间，不要一次给他太多书。

兵兵有一段时间着迷于《炫气球的故事》这本书，三天两头往超市跑，就是为了站在书架前看一会儿，临走时再买一本。这样陆陆续续地，他把全套几十本几乎都看完了。兵兵的妈妈之所以不一次把全套都买回来让他在家慢慢看，就是为了保持他那种饥渴感。大人往往也是这样，买不起书的时候，到处找书看，如饥似渴。等真的有了满书架的书，其实没几本是认真看了的。

到三年级下学期，已经是期末复习阶段了，有一天上学的路上，兵兵的爸爸和他一起聊起青霉素的发现，他觉得很有趣。爸爸告诉他家里就有一套有关科技发明的故事书，回去可以找出来读。下午放学回家，兵兵果然迫不及待地找出这套书，找到青霉素那篇一口气看了下去，全神贯注。那天，他本来还有很多要复习的内容，还有很多作业要做，但爸爸并没有催他做作业，而是让他先静静地看完那篇文章。因为，这是兵兵在阅读上的一次飞跃。

四、诱导孩子喜欢阅读

引导孩子的阅读兴趣，就是要在平时的一点一滴中体现阅读的重要性，让他从内心里喜欢阅读，有阅读的欲望，从而主动去读。

很多人问一位加拿大华侨教自己的两个孩子读书的切身体会：

"你两个儿子都那么喜欢阅读，你是怎么教的呀?"他说:"一个字:诱。"两个儿子是在多伦多上的小学。从孩子上学前班开始，他无论工作有多忙，事情有多多，总是每天从学校带一本书回来，教孩子们读或跟孩子们一起读。有时累极了，他就躺在两个孩子中间，给他们念，念着念着就睡着了，孩子们便推他一把，说:"然后呢?"日复一日，年复一年，问题一个接一个，读书查找答案也就成了孩子们习以为常的事情。到了周末，孩子们便上图书馆，抱一大堆书回家。他并不要求他们每本都看，喜欢的看，不喜欢的，还回去再借新的，反正图书馆有的是书。两个孩子长大了，看书时便挑剔了许多，不是新书不看，不感兴趣的不看，就是太厚的不看。再加上游戏机、电脑、网络、电视，有时要他们读书简直就是打仗。但他还是每星期都给他们推荐两本书看，可越来越觉得现在给孩子找书真不容易，有时很费心思。有一次，他找到一本有点儿年头的书，拿给大儿子。大儿子不屑一顾地说:"这么旧?"他不死心，坐在儿子旁边自己看起来，看到好玩的地方，马上讲给儿子听。终于，儿子跳起来把书夺过去自己去看了。当他知道孩子们喜欢某本书的时候，也会立刻趁机让他们把该作者所有的作品都找来看。这一招还挺有效。

每一次别人上他家来，都要感叹他家的书多。这点倒是不假，他家里的墙壁大部分都给书占领了。儿子从学校拿来暑假读书单，书单上面的书大部分都能在他家的书架上找到。这样一来，至少孩子们没了"没书看"的理由。看孩子们没事干，他便拿着崭新的书在他们面前晃晃，一来二去地他们也就上钩了。加拿大的书都不便宜，令很多人望书却步。这点他倒是想得开:种瓜得瓜，种豆得豆。

再说，千金散尽还复来。钱投资在房子上，将来儿子不愁没地方住；投资在书上，没准将来儿子学有所成，买栋大房子给他住，岂不更美？儿子们也喜欢买书，尤其是小儿子，看到喜欢的就一定得买回家来。问他为什么，他说："我看完了还会再看的。"这话倒是真的，有些书小儿子已经看了不下四遍了。碰到真正的好书，全家人便会在吃完晚饭后，四人齐坐桌旁，一人念一段，或由其中一人开讲，遇到难懂的地方就上网查一查。经典的作品在网上都能找到详尽的注解。有时晚上一起散步，有谁提起某个诗人，大家回来就马上找出他的书来，复印一下，一人一份，大家一起看。儿子们觉得好的书也会讲给大人听，找出来给大人看。

年年岁岁，多少东西都随风而去了，好像只有儿子们的长高、长大可以见得到、摸得着。刚过13岁的小儿子所写的作品，竟然得到了许多人的赞赏，叫他怎能不骄傲?！不过这一切，都得归功于那个"诱"字。"磨刀不误砍柴工"，在引导孩子读书的过程中多费一点时间，多花一点心思，是十分必要的。

第四节　创设利于青少年阅读的环境

做父母的都希望自己的孩子能多读一点书，但他们怎么对孩子说，孩子都显得无动于衷，在孩子的眼里，大人的话是那么的苍白无力。然而，孩子们相互间的影响，比大人的影响更大、更直接。俗话说，近朱者赤，近墨者黑，对孩子来说更是如此。孩子们能彼此给予快乐和力量，他们之间的相互学习，也是人生经验的重要部分。

一、小伙伴相互激发阅读兴趣

晓梅已经读三年级了，总是不爱读书，晓梅的妈妈为此非常着急。有一天，晓梅的好朋友杰杰来家里玩，晓梅的母亲知道杰杰特别喜欢读书，就送给他一套《古鲁当家》的漫画故事书，这是一套关于儿童理财的漫画故事书，讲的都是一些非常有趣的故事。晓梅的母亲买回来一直放在家里，晓梅动也没动过。杰杰把书拿回家后，一口气就读完了，喜欢得不得了，于是，经常跟晓梅讲解里面的情节，眉飞色舞，笑翻了天。晓梅的胃口一下子就被吊起了。后来，晓梅也把家中收藏的另一套翻出来看，这一看就入了迷，一口气把两辑共六本全部读完了。两个孩子再碰面的时候，《古鲁当家》成了他们的话题，他们用书里的话开玩笑，互相比着讲书里的内容。这样，晓梅又翻来覆去地把这套书看了好几遍，几乎可以倒背如流了。从此以后，晓梅阅读的心理障碍被打破，阅读渐渐成为她的一种乐趣。

二、为孩子创造有利于阅读的环境

孩子们是喜欢读书的，只要有一定的环境和条件。家长应给孩子创设较好的读书环境，如：安静的房间、桌椅、书橱、书籍等。在阅读环境上，要舒适、愉悦，这样会使孩子产生积极愉快的情绪体验。

在家中可以空出一个专门让孩子看书的小地方，这个地方可以在一个安静的小角落，书房、卧室内等。在这个角落里为孩子放上一个和孩子身高相应的小书架，摆上孩子自己的图书，例如童话传说、儿童画报、名著等。让孩子自由选择感兴趣的书，自由地享受阅读的乐趣。一旦有了自己的书架，孩子就会愿意在自己的书架下停留更长的时间。能够拥有自己藏书的孩子，以后有可能成为一辈子热爱图书的人。

家长也可以在桌子上面铺上桌布，放置一盆盆景，或在地上铺上软垫，放几个小抱枕。在墙的四周贴上与书本内容相关的图片、放置相关玩偶，借此来吸引孩子。家长可以和孩子一起讨论要如何布置，并且一起把它布置完成。孩子自己在看书时，也会觉得很愉悦，因为那是自己所布置的，也是自己想要的读书环境。

培养孩子阅读后将书籍摆放整齐，易于取阅。为了让孩子更容易找到想看的书或将书本归回原位，可以用颜色将书籍分类。

三、家长阅读影响孩子

父母不妨经常在家看书读报，让孩子觉得阅读一定是一件很有趣的事情。这样他便会模仿父母，一会儿翻翻这本书，一会儿翻翻那本书。慢慢地，书籍会成为孩子最好的朋友。父母不妨采用一下亲子共读的方式，经常与孩子在一起交流阅读的方法，多变换阅读的形式。鼓励孩子根据书中的故事情节进行简单的表演，然后和父母共同分析、讨论，这样孩子的阅读兴趣就会变得越来越浓。

父母要经常在孩子的"书房"里指导孩子读书、学习，或与孩子一起读书，耐心倾听孩子谈书中他认为有趣的内容，与孩子交流读书体会，使孩子经常体验到"书房"的温暖，对"书房"产生亲切感、依恋感。在平常谈话中，可以有意无意地讲一些伟人读书的故事。

要经常带孩子逛书店，只要家庭经济条件允许，应尽量满足孩子购书的愿望，但购书时要根据孩子的阅读能力、兴趣和书本内容慎重选择。不要一口气购买大量的书回家，这样反而会使孩子不知道先看哪一本好，或者每一本都匆匆翻过，急着看下一本，无法细细体味读书的乐趣，从而减少对书籍的兴趣。应该要求孩子买来的书一定要看，否则就不能再买。

在孩子的眼里，书就像玩具，翻书就是游戏。即使孩子拿倒了书或撕破了书，父母也不应责怪孩子。当孩子对阅读有些厌倦时，父母不妨和孩子一起做做照片书、生活书，既增进了亲子感情，又让孩子对这些书爱不释手。建议父母不要对孩子的阅读过程管得太死。只要孩子愿意把一本书拿在手上津津有味地翻看，家长就应该感到心满意足了。因为这类表现完全符合孩子的早期阅读心理，是孩子在阅读求知的道路上迈开重要一步的标志。

四、鼓励孩子提问并认真回答

年龄稍大的孩子总喜欢问为什么，父母要支持孩子，回应孩子的每一个问题。有时，父母可能觉得很烦，但请耐住性子。建议父母回答孩子问题时不宜讲得太深，要考虑孩子的年龄特点。更不能随意敷衍他们，给孩子错误的信息。这时，父母要抓住时机，不妨带着孩子去书中找答案，在寻求答案的过程中，让孩子渐渐学习解决问题的方法。

哲学家波普尔的父母非常注重环境对孩子的影响。在波普尔的家里，除了餐厅外，其他地方几乎全是书。在那间特大的藏书室里，放满了弗洛伊德、柏拉图、培根、笛卡尔、斯宾诺莎、康德和叔本华等名家的上万本著作。波普尔后来回忆，在他还未能读懂父亲的这些藏书前，它们就已经成了他生活的一部分。波普尔说，给他童年影响最大的一本书就是母亲读给他两个姐姐听的瑞典作家赛尔玛的《尼尔斯骑鹅历险记》。在以后的许多年里，波普尔每年至少要重读一遍这本书，随着时间的推移，他不止一遍地通读了这位伟大作家的全部作品。

因此，父母应该为孩子提供一个良好的读书环境，给孩子提供一些他喜欢的、高趣味性的阅读材料，这样可以拓宽孩子的阅读范围，让孩子自由地阅读自己喜欢的内容，自由地发挥他的阅读天性，从而爱上阅读。

第五节 培养青少年的好奇心

世界上第一架飞机的发明者莱特兄弟，小时候是一对富有好奇心的孩子。有一次，兄弟俩在大树底下玩，两人产生了爬上树去摘月亮的想法。结果，他们不仅没有摘到月亮，还把衣服都刮破了。可他们的父亲不但没有责骂他们，而且还耐心地对他们加以引导。

在父亲的引导下，兄弟俩日日夜夜为制作能骑上天的"大鸟"

而努力。这期间，父亲不失时机地买了一架酷似直升机的玩具送给他俩，这更加激发了他们对制造升空装置的浓厚兴趣。他俩不断地查找飞行方面的书籍，学习升空技术方面的知识，翻阅了大量有关飞行的资料。在父亲的鼓励下，经过多次试验，兄弟俩终于发明了世界上第一架飞机。

一、好奇心激发阅读欲望

不言而喻，好奇心能够激发孩子们的读书欲望和热情。著名教育家陈鹤琴曾说过："好奇动作是孩子得着知识的一个最紧要的门径"。做父母都希望自己的孩子热爱学习。但是，很多做父母的都爱埋怨自己的孩子不喜欢读书。实际上，很多孩子爱读书的欲望是被父母们扼杀掉了。比如：有些孩子常常缠着父母问为什么，做父母的因为自己的知识有限，回答不了孩子的提问，因而对此不耐烦甚至恼火，甚至对孩子不予理睬或者训斥。结果是孩子再遇到问题就不愿再去问父母，甚至不敢去问父母。

其实，孩子喜欢问为什么，是渴望得到知识的一种表现，是学习知识的一种途径，是渴望读书的前奏和萌芽。然而，许多这样的萌芽在父母的不理睬或训斥中枯萎了。其实，我们也可以像莱特父亲那样，注意倾听孩子的问题、想法，尊重孩子的观点，积极地引导孩子的好奇心，培养孩子独立思考、到书籍中寻找智慧的能力。这样，孩子就能在不断地发现和思考中增强创新能力。

珍惜孩子的好奇心，满足孩子的求知欲，耐心给孩子讲解他们在实际中所遇到的问题的来龙去脉，编辑成一些有趣的故事，不厌其烦地讲给孩子们听，并告诉孩子这些有趣的知识和美好的故事都是从书上读来的。这样等他识字以后，就可以自己读这些故事了，使孩子意识到书中的美好与神奇。家长还应指导孩子看一些图画书籍，使孩子们对读书有一种美好的向往，从而逐渐引导、鼓励孩子自己去读书。

强烈的好奇心能使孩子产生读书的兴趣。孩子只有对读书产生了兴趣，才能从读书中体验到快乐，才会热爱读书，并主动读书。

诺贝尔物理学奖得主、美国加州理工学院物理系教授查德·费曼天生好奇，自幼被称为"科学顽童"。他11岁就在家里设立了自己的实验室，在那里自己做马达、光电管这些小玩意儿，还用显微镜观察各种有趣的动植物。当他到普林斯顿大学读研究生的时候，他仍然保持着这样的好奇心。

他在其著作《别闹了，费曼先生》一书中，讲述了自己在读研究生时发生的一件事。为了弄清蚂蚁是怎样找到食物，又是如何互相通报食物在哪里的，他着手作了一系列实验，如放些糖在某个地方，看蚂蚁需要多少时间才能找到，找到之后又如何让同伴知晓；用彩色笔跟踪画出蚂蚁爬行的路线，看究竟是直的还是弯的。正是这些实验使他知道，蚂蚁是嗅着同伴的气味回家的。由此可见，费曼先生在物理领域取得的巨大成就与他强烈的好奇心不无关系。

父母要想使自己的孩子也对学习和阅读产生兴趣，就应该保护孩子的好奇心，鼓励他们在满足好奇的过程中获取知识。好奇心是孩子的天性，是值得父母珍惜的。当孩子对新奇的事物提出问题时，我们要认真地倾听并加以引导，尽可能地让他们自己寻找答案。

二、鼓励孩子探索问题

家长应时常和孩子讨论问题，并尊重孩子的观点。父母可以在与孩子闲谈的过程中，使闲谈深入一步，转为对某一问题的讨论。讨论的话题应该是孩子感兴趣的。在讨论时，不能把自己的观点强加给孩子，毕竟，孩子也有自己的想法，有自己的思维方式。

让孩子自己探索问题的根源，不要轻易地替孩子解答问题。有的父母只是注意丰富孩子的知识，不厌其烦地回答孩子提出的问题，结果使孩子不能很好地开动脑筋，积极思考，有的孩子因此而产生了依赖心理。父母应该鼓励孩子开动脑筋，认真思考，动手查阅相关书籍和资料，养成自己寻找问题答案的习惯。

父母还要经常与孩子一起参加户外活动。父母可以和孩子多逛逛游乐园、动物园等，户外活动更容易引发孩子的好奇心，是培养孩子创造精神的好环境。兴趣源于人的好奇心，正因为如此，积极地去探究某些事物和活动，人们才会产生揭示自然和人类奥秘的强烈欲望。

兴趣是爱读书的重要基础。孩子一接触到自己感兴趣的内容，态度就积极，心情就愉快，思维就活跃。苏霍姆林斯基说："他们带着一种高涨的、激动的情绪从事学习和思考，对面前展示的真理感到惊奇甚至震惊；孩子在学习中意识和感觉到自己的智慧力量，体验到创造的欢乐，为人的智慧和意志的伟大而感到骄傲。"

在现代社会中，一个人现在做什么，将来做什么，与兴趣有很大关系。特别是当一个人某方面兴趣与他的志向结合起来时，也就是说兴趣与他的理想、目标结合起来时，就形成了志趣。这时，兴趣会对他的未来发展起到全面的准备作用。

第六节　和青少年一起阅读

英国专家在对家庭阅读活动跟踪调查后发现，年过 5 岁的孩子对阅读的兴趣明显降低，尤其是男孩子。研究显示，英国国内 13.4% 超过 5 岁的孩子明确表示不喜欢读书。而全球范围内，这个数字为 9%。对于这种情况，报告说，父母在家里多储备一些书可以在一定程度上引起孩子读书的欲望，让他们觉得读书是一件令人愉快的事情。父母还可以鼓励孩子多读书，在书中寻找乐趣，这样孩子就可以通过读书提高自己的写作能力，掌握更多的词汇，了解到更多的常识。最重要的是，家长们不要在孩子上学之后，就放弃对孩子读书兴趣的进一步培养。许多学龄前儿童都是在父母讲述的美妙故事的陪伴下进入梦多的。孩子上学以后，父母往往就把给孩子读书讲故事的事交给了老师。

英国《每日邮报》援引英国国家文学联合会的报告说，其实孩子上学后，父母仍应继续坚持给他们读书讲故事，这样对保持孩子的读书兴趣大有好处。

研究表明，在良好的阅读氛围中长大的孩子，比其他孩子的阅读水平高出许多。联合会"鼓励家庭阅读"活动组织者斯特朗说："坚持陪孩子读书，是父母可以给孩子的最好礼物之一。父母和孩子一起读书，还可以促进父母和孩子之间的交流。父母陪孩子读书比其他因素更能提高孩子的综合素质，比如父母本身良好的教育背景、社会地位等。"

研究人员提醒家长们说，家长的参与对培养孩子良好的阅读习惯很重要，而这一重要性不会因孩子开始上学而减弱。父母陪孩子阅读可以给他的一生留下美好、温馨的记忆。父母与孩子一起读书，在教育上称为亲子阅读。为了培养孩子对读书持续长久的兴趣，家长应拿出更多的时间和精力来思考如何才能让孩子的读书兴趣始终保持在一个较高的水平上。要做到这点，就不能把亲子阅读维持在仅仅陪着孩子阅读上，而要更多地参与到孩子实际的阅读中去，与孩子产生互动，如此才能使阅读显得不枯燥和艰苦。那么，家长怎样做才能保持孩子的读书兴趣呢？

在父母给孩子讲故事之前，首先自己要大致浏览一遍，主要是考虑如何根据孩子的年龄和接受程度讲解。如小一点儿的孩子能理解故事的内容了，但他能表达的不多，家长只能向他提问一些比较简单的问题。大些的孩子情况就完全不一样了，他不但能很好地理解故事的内容，还可以复述故事，回答各种各样的问题。所以，给孩子讲故事之前，家长就要像老师备课那样，作一些准备。这样，讲解的时候才能有的放矢，取得比较好的效果。

在讲故事的时候，家长可以穿插提问，这是非常重要的一点。提问首先是帮助孩子更好地理解故事，同时可以培养积极主动的学习精神，发展孩子的智力。比如在翻开新的一页的时候，就可以先不讲，让孩子自己看画，说说画上都有什么，是什么意思。孩子要回答这些问题，就要注意观察，要动脑筋想。又比如，故事快要讲完的时候，你先不讲下去，让孩子想，故事会怎么样结尾，这不是又培养了孩子的想象力吗？孩子的好奇心强，他们会边听边问"为什么"，家长千万不能不耐烦，要耐心细致地解释和回答，回答要真实，使孩子既学到知识，同时好奇心又得到满足。

家长可以尝试把读书和游戏结合起来。孩子是最爱玩的，如果我们把读书和游戏结合起来，就能大大增强孩子阅读的兴趣。很多图画故事都可以用来表演，方式可以多种多样。一种是孩子一个人表演，可以把故事中的人物画在一张张卡片上，也可以把卡片贴在一块块积木上，还可以把人物做成一个个纸偶套在手指上，孩子一个人表演几个人物，一边说台词，一边摆弄人物。一种是孩子和父母一块演，每人扮演一个或几个角色，还可以简单地化装，戴个头套或戴个面具等。

当家长和孩子共同看完一本书时，要鼓励孩子用自己的语言把它讲出来，这样就发挥了孩子的语言表达能力。同时，当孩子发现他把书上的东西再讲给别人听，别人又感兴趣时，孩子会很兴奋和自豪，也会由此产生更大的阅读兴趣。

第七节　调动课堂上青少年的阅读兴趣

阅读不能改变人生的长度，但可以改变人生的宽度，不能改变人生的起点，但可以改变人生的终点，阅读甚至能够影响到人的一生。青少年时期是一个人的人生观、价值观形成的重要时期，也是阅读教学的"黄金时期"。德国的一项研究表明，一个人在 13 岁最迟 15 岁之前如果养不成阅读的习惯和对书的感情，那么他今后的一生中，将很难再从阅读中找到乐趣，阅读的大门可能会永远对他关闭。

要想提高阅读能力，首先要做的就是激发青少年的阅读兴趣。阅读兴趣指的是对阅读活动的一种注意倾向、积极态度和喜爱程度。它是阅读动机中最活跃的部分，被称为阅读的"凝聚力"。学生的阅读水平是逐步积累和培养出来的，不能"一口吃出一个胖子"来。语文课就是在打基础，因此，语文课上老师的教和学生的学都很重要。而要想获得最好的效果，就要让学生积极主动地去阅读课文，带着热情带着好奇心、疑问和对某一问题的探索去读课文，这样才能调动起学生学习的积极主动性，让学生爱上阅读，爱上语文。

一、导入引发阅读兴趣

夸美纽斯说："铁匠在打铁之前，必须先把铁烧热。"导入过程的基本任务就是确定目标，激发兴趣。

1. 巧解标题

标题是文章的旗帜，就如同眼睛是心灵的窗户。它能够展示文章的主要内容，巧妙的解释标题，引起学生的阅读兴趣，是最经典的导入方式。

特级教师于漪教《茶花赋》，只写"茶花"二字。学生喊："掉了一个字！"然后教师再加上"赋"字并提示："茶花是这一课的内容，那么赋是什么呢？"借此讲解文章的体裁，突出了重点。

在教学《藤野先生》一文时，教师首先介绍作品的社会影响。

日文版《鲁迅全集》出版时，按鲁迅的意见把《藤野先生》作为第一篇。藤野见到后激动不已，临终（1945年）遗嘱：着仙台讲课时制服入葬。足可见鲁迅作品在日本人民中间的影响。以介绍社会影响导入，可以巧妙地引起学生学习课文的兴趣。

2. 巧设情境

即运用投影、幻灯片、录音、图画等直观手段和富有感染力的生动语言营造浓厚的情境氛围，激发学生的情感，引发兴趣。

在教学《桂林山水》一课时，教师可以创设这样一个语境，问学生："谁知道广西什么地方最美？"学生回答："桂林。"问："你们去过桂林吗？"学生摇头。紧接着问："你们想去吗？"学生异口同声地说："想！"笑着说："老师也没有去过，也很想去。听说那儿的山水格外美呢！这节课，就让咱们一起从课文中去游览桂林的山水，好吗？"随即板书课题。这种导游式的入题，一下子就吸引住了学生，把学生带进了学习课文的氛围之中。

3. 巧设疑问

即根据教学目标，通过设疑、设悬念，引起学生的好奇心和求知欲望，将学生的兴趣直接引入教学活动中。苏霍姆林斯基说过："在每一个年轻的心灵里，存放着求知好学渴望知识的'火药'，就看你能不能点燃这'火药'。"悬念就是点燃渴望知识火药的导火索，设置悬念可以有效地调动学生的阅读兴趣。

在教学《家乡的桥》一课时，教师可以这样导入：有这样一位作家，他离开他的故乡江南，一别就是几十年。每逢与朋友谈起故乡，家乡的人，家乡的景，就浮现在他眼前。尤其令他难忘的是家乡的桥，于是，他提笔写下了这篇《家乡的桥》。作者为什么如此留恋家乡的桥，家乡的桥到底给作者留下了哪些抹不去的记忆呢？这样引出课题，也引起了学生阅读的兴趣，激发了他们阅读文章的迫切心情。

二、教学中兴趣的维持

导入仅仅是语文课的开始，"好的开始是成功的一半"，那么，成功的另一半我们要怎样获得呢？精彩的导入引发了学生阅读课文的兴趣，接下来还需要有不断的刺激来加以维持，从而确保整堂课的成功。

1. 提出问题、引导思考

在教学课文过程中，教师不要一味地讲，学生单调地听，教师应当起到引导学习的作用，那么，就要不失时机地提出问题，引导学生动脑思考，打开学生的思路，活跃他们的思维，摆脱老师讲什么就听什么，记什么的教学模式，而是学生积极主动地动脑思考，促进阅读活动的深入。

教学《中彩那天》一课时，教师先让学生理清课文内容，再找找文中有矛盾的地方。学生不难发现，文中的父亲梦寐以求的是能拥有一辆属于自己的汽车，但父亲中了奔驰汽车后，却神情严肃丝毫没的有兴奋喜悦的表现，反而对"我"大声吼叫；库伯派人把奔驰汽车开走了，父亲非但不失落难过，反而显得特别高兴。针对父亲的反常表现，学生兴趣高昂地提了不少为什么，而解决了这些矛盾，学生对父亲的个人品质也就有了准确的认识。教学中还可以让学生寻找含义深刻的句子进行质疑。学生在积极提问主动解疑的过程中自觉搞懂了这些问题，也理解了文章的中心，学习状态积极饱满。

2. 分组讨论、代表发言

在教学过程中，师生之间、学生与学生之间的互动是必不可少的。课堂应以学生为主体，充分调动学生思考的积极性，不断激活他们的脑细胞，所以老师就要多提问题。提出问题后，让同学们分组进行讨论，这样不但可以互相交流思想、交换意见，而且还能够提高学生们团结合作、共同解决问题的能力。一个小组就是一个小型的"集团"，一次讨论就是一次一次小规模"座谈会议"，要解决某一问题，就需要大家出谋划策，齐心协力。这样的课堂教学方式虽不是新颖的，但却是切实可行、效果显著的。

在教学诗歌单元时，教师就可以采用分组讨论的方式学习。在《雨巷》的教学中，教师交代清楚作者及写作背景后，提出相关几个问题：读完诗后的感受；诗表达的思想感情；为什么诗歌读起来会这么美等等。然后就交给同学们，学生回答时，教师要帮助学生整理思路，起到补充、启发的作用，在这一环节，教师完全是辅助作用。

3. 阅读由课内向课外的迁移

语文教材中不但课文篇目而且体裁都是有限的，所以中学生的阅读不能仅仅局限在语文课堂上，课外阅读更能提高应阅读能力。

教师在教学《雷雨》之后，教师可设置以下问题：周朴园到底是一个怎样的人？故事的结局如何？这个问题会引起学生的兴趣，从而自觉地去阅读这部经典剧作。

教师在教学苏洵的《六国论》时，先安排较多时间和学生一起分析、研讨。过程如下：自读，初步感知作者的观点以及精彩的语言；查工具书疏通文句，能自己解决的自己解决；分组朗读，模仿朗读带读，从朗读时的语气、声调感受体验到文章精辟的说理、雄辩的气势；合作互助，学生互相解答疑问，教师在一边点拨引导，让学生各抒己见，探讨自己对六国灭亡的看法，充分调动学生的学习积极性，从而研究性地去阅读文章；介绍、推荐其他有关六国灭亡的作品，进行比较阅读。学生就会有很大的阅读兴趣，自己会找一些相应的书籍来看，从而扩大了阅读量。

第八节 培养青少年课外阅读的兴趣

青少年时期不仅是人的身体发育期，也是人的心灵发育期。这一时期读书对于青少年心灵的成长十分重要。中小学阶段是人生的启蒙阶段，如一株刚破土的幼苗，渴望吮吸知识的甘露，以使自己茁壮成长，而这甘露的获得，除了依靠老师在课堂上有限的传授外，更多的要依靠学生课外阅读去采集。此时，让中小学生爱上阅读，可以从根本上提高其综合素质，使其终身受益。

作为教师，我们应该指导孩子们进行广泛的阅读，为孩子们导航，让孩子们在浩瀚的书海中遨游。"兴趣是最好的老师"。只有学生把阅读当作一种兴趣、一种休闲活动，才可能养成良好的阅读习惯，获得各种知识，陶冶情操，培养审美能力，提高文化素养。因而培养学生的阅读兴趣和良好的阅读习惯是十分重要的。人有学步时，读有起步时。适时施教，在学生开读的最佳时段，教师帮助其树立起阅读的兴趣，培养良好的阅读习惯是每个语文教师的责任，这是语文教育走向成功的机遇。

学生有了阅读兴趣，才能从内心深处对课外阅读产生主动需要。兴趣是学习的先导，是需求的动力，只有培养了学生阅读的兴趣，学生才会将教师的"要我读"转化为"我要读"，才会努力寻求阅读机会。因此，教师要努力激发学生阅读的兴趣，让他们愉悦地进行阅读，快乐地接受自己想要学习的语文知识。

一、潜心引导，培养阅读兴趣

爱因斯坦说过："兴趣和爱好是获取知识的动力"。因此，教师首先必须重视培养学生阅读的兴趣，以兴趣这把钥匙去开启儿童的心扉，引导学生走进知识宝库的大门。

1. 从课本内容诱发阅读兴趣

学生阅读最多的就是课本，教师要根据课本内容经常有目的、有计划地向学生介绍一些书中人物、内容梗概或精彩片断，激发学生"欲知详情，请看原文"的欲望。

如教学《卡罗纳》这篇课文时，教师可先介绍《爱的教育》这本书。在教《草船借箭》这篇课文时，教师课前向学生介绍三国的形成、对峙、衰败的历史，还介绍了一些突出人物的特点，并且让学生说出自己所知道的有关三国的故事，说对的同学给予表扬。这样学生就会被兴趣推动，纷纷要求借书阅读，在读中去感受名著的魅力，和灿烂文化的艺术所在。

2. 推荐优秀的课外阅读作品

教师要根据学生的年龄特点和知识水平帮学生选好读物，引导学生读好优秀的课外作品。一般地，低年级的学生的思维主要是具体形象思维为主，因此应选取图文并茂的课外读物；中部和高部的学生的思维已由具体形象思维逐步向抽象逻辑思维过渡，因此，可以适当地选择一些逻辑性、说理性较强的读物给学生阅读。

教师可以指导低年级学生看一些图文并茂的儿歌、童话故事。学完拼音后，给他们介绍带有拼音的图书，要求边看图边读拼音和汉字。以后学生学完课文后，还可以想学生介绍与课文有相关内容的课外书，让学生去阅读，并指导怎样读。如学了《回声》一文，就让学生《读十万个为什么》中相关的声波文章。经过引导，学生逐渐养成阅读习惯，提高了阅读兴趣。

我们在指导学生选择课外读物时，选择的内容应较广泛，可涉及儿童生活、历史故事、科学常识等；体裁应多样，可以是诗歌、散文，也可以是小说、童话、寓言，不拘一格，只要是思想内容健康，有教育性，对儿童的思想、品德、智力、情感等方面具有良好的影响的文学作品，都可以推荐给学生阅读，这样学生才能博览群书。

3. 教师以身作则，调动学生的阅读兴趣

要激发和培养学生的阅读兴趣，教师本身要热爱阅读。无法想象，一个自己不爱读书的教师怎能叫学生爱上阅读。知识不是通过灌输获得的，而是学生通过自己领悟习得的。教师要成为积极参加阅读的表率。青少年学习习惯具有模仿性，模仿的过程是：羡慕——需要——效仿。教师的言行具有极强的示范作用，如果我们的老师时常跟学生谈谈自己阅读的内容、心得体会，那将会引起学生效仿的浓厚兴趣。看到老师博学多才，成为阅读的受益者，孩子们是多么羡慕啊！

课外时间，教师经常与学生一起读书，一起诵读古诗，这对孩子是一种无声的教育。阅读时，教师所流露出的热情、趣味和欢乐之情，对学生有着强烈的感染力。学生在浓浓的读书氛围中，体会到教师对阅读的重视，从而自觉地进行阅读活动。教师再给学生讲一些名人少年时期是怎么学习的，并给学生绝对肯定的启示便是：阅读非常有趣。这犹如一副良好的催化剂，激起学生强烈的阅读兴趣。一旦兴趣培养起来不仅眼前受益，还将伴随整个人生。

4. 巧定计划，培养学生的阅读兴趣

老师对教材进行认真分析后，以周为单位时间，和学生一起拟定下周课外阅读计划。让学生明确：为了完成好下周学习任务，可阅读哪些书籍，参阅哪些资料，获取哪些信息，思考哪些方面的问题。

比如，下周将要学习《草船借箭》和《景阳冈》这两篇课文，

就可建议学生看《三国演义》、《水浒传》等少儿读本，了解一下与故事有关的历史背景，同时，初步弄清楚人物的特点和故事发展的前因后果，并就自己最感兴趣的方面加以思考和研究，为课堂学习打下良好的基础。

二、提供平台，体验阅读乐趣

增加阅读量，提倡少做题、多读书，这已是共识。但光一遍又一遍地死读，只能让学生感到乏味、疲劳，以至昏昏欲睡，应该巧妙，寓教于活动之中，醉翁之意不在酒，旨在"哄"他们读好书。

1. 每日听说训练

坚持每日 5 - 10 分钟的听说训练，时间可安排在早会或课前，让学生轮流上台，交流课余时间阅读中摄取的语言材料。让大家或说一新闻，或晓一趣事，或背一古诗，或得一好词佳句，或明一道理，变枯燥的读写为有趣的乐事。学生兴趣盎然，视野开阔，语感增强，更令人欣喜的是，学生从课外阅读中得到源头活水，逐步达到厚积薄发，说话妙语连珠，写文章意到笔随。

2. 自办手抄报

组织学生自办手抄小报活动，深受学生的喜爱。手抄小报的内容广泛：国家大事、校园生活、环保教育、科学世界等。学生根据需求，独立命题，编辑材料，设计版面，并配以彩色插图。

如围绕"北京奥运"这一内容，学生就办出了《新北京、新奥运》、《奥运连着你我他》、《一百多年的奥运梦》等。

3. 举办比赛

为了使孩子的读书热情持之以恒，教师可以利用各节日定期举办故事会、古诗朗诵会、辩论会、手抄报比赛、征文比赛等读书交流活动。也可进行快速阅读比赛、读书知识竞赛、读书报告会等，使学生在活动中体会到课外阅读的乐趣，获得成功的体验。

4. 剪报摘抄

学生在广泛读报纸、杂志或其他书籍时，会发现其中具有保存价值的材料，指导学生把这些材料剪下来，找一个本子，分类贴上，积累资料，每月在班上评展一次，以激发学生周而复始地进行下去。如果在遇到用得准确、生动的词语或形象具体、含义深刻的句子，或精彩的片段，这些含义深刻的格言、警句，特别是在不能摘剪贴的情况下，可让他们用日记本摘抄下来，也可以定期在班上交流展评，看谁最好。同时，对那些优秀的读书笔记、剪贴本、摘抄本、获奖的手抄报、征文等学生作品在教室中的《学习园地》里专门设"精品欣赏屋"供学生欣赏，既鼓励那些读好书的学生继续坚持下去，又勉励那些读书落后的学生，达到两全其美的效果。

三、创设阅读环境

1. 建立图书角

在学生有了强烈的阅读要求之后，教师应及时开展献书活动，积极组建班级图书角。在建设图书角的过程中，教师要多花一些心思，带头献书，借此引导学生献出各类书籍：科普知识类、寓言故事类、散文随笔类、诗歌类、小说类……指导学生分门别类进行管理，实行"流水图书"制度，倡导分享好书的做法，随时吸收学生捐献的新图书，使图书角不断得到充实，书籍内容不断得以丰富，从而使班级图书角成为学生阅读的"源头活水"，让学生有书可读。当然也可以鼓励学生在家里设立个人阅读小天地，买好书，读好书，收藏好书。

2. 为学生留下课外阅读时间

时间是学生进行课外阅读的根本保证。青少年自觉性较差，在他们对课外阅读产生浓厚兴趣之前，是需要老师为他们创造各种有利条件的。一方面，学校可利用学生自由活动时间鼓励学生走进图书馆、阅览室；另一方面，老师在布置家庭作业时，应少布置一些机械重复性的作业，多布置一些操作性强、具有思考价值的作业，促使学生通过课外阅读、语文实践完成学习任务。

3. 指导学生做读书笔记

古人云："不动笔墨不读书"。课外阅读要"养成读书记笔记的习惯"。读书笔记的形式多样，有"摘录好词好句"，有"概括主要内容"，有"写读后感"，还有"直接在书中圈点勾画批注"等多种形式。而教师在指导学生记笔记时，大可不必统一形式，应让学生根据自己的兴趣选择自己喜爱的笔记形式来记笔记。

读书也是一种创作，读书笔记应成为学生自由发挥的空间。读什么书，在笔记上记下篇名、出处及阅读日期，这是日后考核阅读量的依据。读到好文章，摘录下好词好句，记下自己的心得体会。这样日积月累，潜移默化，既增加了词汇量，又为写作打下坚实的基础。读累了，在本子上描描画画，或一朵小花，或一棵小草，或高山流水，或鸟兽虫鱼，这样，给阅读增添了无限的情趣。当然，前提是在自己的书上，在借阅的书上是不可以乱涂乱画的。

4. 加强检查督导

常言说：有压力才会有动力。教师的检查督导对学生而言就是一种压力，这种压力不能过大，但也不能没有。教师在检查学生阅读情况时，要注重方法。在学生读书的过程中，鼓励学生根据自己的爱好，选择自己喜欢的读物，运用自己喜欢的方式进行阅读。教师怀一颗宽容的心，经常表扬学生：热爱阅读的和开始喜欢阅读的，稍有进步的……这样，在宽松的氛围下读自己喜欢的书，学生们怎么能不乐此不疲呢？

"书籍是人类进步的阶梯"，培养学生阅读兴趣，就是立足学生终身发展，让学生在阅读大量优秀文章，涉猎广泛信息的过程中，学习人类创造的文化成果，同时也积淀人类永不熄灭的智慧之光。作为教师，我们有责任用爱心将孩子们早日带入知识的殿堂，让他们去接受文明、智慧的洗礼，让他们的潜能得到更好的开发，个性得到充分发展，让他们去延续历史，让他们去创造世界，创造未来。

第三章　养成良好的阅读习惯

　　一位著名的文人写道："书籍蜿蜒伸入我们的心灵，诗人的诗句在我们的血流里舒缓地滑行。我们年轻时诵读它们，年老时仍然铭记它们。我们读到他人的遭遇，却感到身临其境。书籍到处可得，而且价廉物美。我们就像呼吸空气中的氧一样吸收书中的营养。"通常，我们既可以通过一个人所结交的朋友，也可以通过他所阅读的书籍，来了解他的为人。因为人们不仅彼此结伴，还跟书籍结伴。无论所结交的是人还是书，人生总该时常有良师益友才行。

　　多读书，读好书，才会有高尚的思想和行动，思想才会愈加深刻，行动才会愈加自觉，人生的定位才会愈加准确。博览群书并善于思考的人，会时刻以高标准来严格要求自己，做思想和行动高度统一的人，做具有高尚道德修养的人。为了提高青少年的修养，家长和老师应该教会青少年爱好阅读，坚持阅读，养成良好的阅读习惯。

第一节　读书既要博又要专

　　读书有一种方式，谓之"博览群书"，对这种读书方式有一个形象的别称叫做"鲸吞"。用鲸鱼吃小虾来比喻读书之广泛。须鲸——鲸类中的庞然大物，游动时俨然是一座漂浮的小岛，但它是以海里的小鱼小虾为主食的。这些小玩意儿怎么能填满它的巨胃呢？原来，须鲸游起来一直张着大口，小鱼小虾随着海水流入它的口中，它把嘴巴一合，海水就从齿缝中哗哗漏掉，而大量小鱼小虾被筛留下来。如此一大口一大口地吃，大量小鱼小虾就进入它的胃袋了。

　　人们泛读也应该学习鲸的吃法。一个想要学点儿知识的人，如果只有精读，没有泛读；如果每天不能"吞食"几万字的话，知识是很难丰富起来的。单靠精致的点心和维生素丸来养生，是肯定健壮不起来的。

一、博览群书

　　鲁迅先生主张不要对自己的阅读范围作过窄的限制。他年轻时，在规定的功课之外，天文地理，花鸟虫鱼，无一不读。鲁迅在《倾书杂谈》一文中说过："爱看书的青年，大可以看看本分以外的书……即使和本业毫不相干的，也要泛览。譬如学理科的，偏看看文学书，学文科的，偏看看理科书，看看别人在那里研究的，究竟是怎么一回事。这样子，对于别人，别事，可以有更深的了解。"他在《激颜黎民》一文中说："先前的文学青年，往往厌恶数学、理化、史地、生物学，以为这些都无足重轻……自己做起文章来也糊涂。"鲁迅博大精深的知识和他的巨大成就，与他的博览有着直接关系。

　　钱钟书从启学之时，就博览群书。他读中学时，就读了《天演论》等英文原版著作，还啃下了《古文辞类纂》《骈体文抄》《十八家诗抄》等，至于他喜爱的小说杂志更是爱不释手，披阅不倦。考入清华后，他的第一个志愿是"横扫清华图书馆"。他终日泡在图书馆内，博览中西新旧书籍。自己的书就用又黑又粗的铅笔画出佳句，又在书旁加上他的评语。他阅读面之广，连许多教授也叹为观止。钱钟书的博览，不仅在清华闻名，而且蜚声海外。1935年，钱钟书到英国牛津大学攻读。这里拥有世界著名的专家、学者，尤其是该校拥有世界第一流的图书馆——牛津博德利图书馆，它不仅有规模庞大的中心图书馆，而且在其周围建有几十个专题图书馆。钱钟书在知识的海洋中畅游，尽情阅读文学、哲学、史学、心理学等各方面的书籍，还阅读了大量西方现代小说。

钱钟书的博学，归功于他的博览。他阅读书籍所写的札记，可以用汗牛充栋来形容，毫不夸张，他写学术巨著《管锥编》时，所用的资料足有几麻袋。

二、"牛嚼"式精读

读书还有一种方式，谓之"精读"。老牛白日吃草之后，到深夜十一二点，还动着嘴巴，把白天吞咽下去的东西再次"反刍"，嚼烂嚼细。我们对需要精读的东西，也应该这样反复多次，嚼得极细再吞下。有的书，刚开始先大体吞下去，然后分段细细研读体味。这样，再难消化的东西也容易消化了。这就是"牛嚼"式的精读。

朱熹说："大抵观书须先熟读，使其言皆若出于吾之口；继以精思，使其意皆若出于吾之心，然后可以有得尔。"这里"熟读而精思"，即精读的含义。也就是说，要细读多思，反复琢磨，反复研究，边分析边评价，务求明白透彻，了解于心，以便吸取精华。只有精心研究，细细咀嚼文章的"微言精义"，才能"愈挖愈出，愈研愈精"。可以说，精读是最重要的一种读书方法。

法国著名作家大仲马在《基督山伯爵》一书中，塑造了一个博学多识的人物一法利亚长老，并通过长老之口谈了这样的读书方法："在我罗马的书房里，我将近有 5000 本书，但把它们读了许多遍以后，我发觉，一个人只要有 150 本精选过的书，对人类的一切知识都可齐备了，至少是够用或所应该知道的都知道了。我把生命中 3 年时间用来致力于研究这 150 本书，直到我把它们完全记在心里才罢手。"在这里，他认为 150 本书就能囊括"人类的一功知识"显得有些偏颇，但是，大仲马注重"读选过的好书"是值得借鉴的。

三、博览与精读不可偏废

然而，"鲸吞"与"牛嚼"，"博览"与"精选"不可偏废。既要"鲸吞"，要大量广泛地阅读各种书籍，又要对其中少量经典著作反复钻研，细细咀嚼。如此这般，精读和泛读就能有机地结合起来了。钱钟书主张先博后约，由博返约。即先广泛涉猎，博览群书，然后再在此基础提炼吸收，形成自己的知识结构。这种科学的学习方法不仅使他成为一代学术泰斗，也为后来的学者指出了正确的读书之路。

读书，既要博，又要精。怎样才能做到这一点呢？我国著名美学家李泽厚的办法是，通过泛览达到博，在泛览的基础上挑几本精深的书来读，达到精。他上中学时，书看得相当杂，最爱读的是文学作品，对鲁迅、冰心等人的作品尤其感兴趣，但这并不妨碍他对自然科学的爱好。中学每次数理化考试，他的成绩常常是第一名。但是，仅仅这样广泛的涉猎，还不足以使人成才。于是，他又找来一些与自己研究方向有关的内容精深的书籍，认真地进行研读。他从马列主义著作中学到了研究问题的立场观点和方法，从黑格尔的著作中学到了深刻的思考方式，鲁迅著作更使他得到了莫大教益，对于他研究美学具有巨大的指导作用。李泽厚深有体会地说："这类书不用多，挑几本精读，读了以后顶许多书。"正如培根所说，有的书要细嚼，有的书要快读，有的书只要尝尝味就可以了，李泽厚的读书方法，对处理博与精的关系颇有帮助。博览与精读是辩证的统一，博是精的基础，精能为博创造条件；博离开了精就会变成杂，精离开了博就会变成孤。掌握这个辩证法，是读书的高级艺术。

第二节　有选择阅读

书籍犹如朋友，必须慎重选择。哲学家叔本华说："读好书的前提条件在于不读坏书，因为光阴似箭，生命短促。"在全球网络化的今天，信息的获取变得如此轻松便捷。大量信息垃圾也早已堆积如山。如何选择必然会陪伴着青少年一生的阅读。

当我们走进一座座现代化的图书馆，走进一座座迷宫般的书城，见到那汗牛充栋的书籍时，既有对知识浩瀚无涯的感叹，又有对知识重压身心的不安甚至是恐惧。这些书，对于青少年而言，是否都有价值？究竟值不值得花费时间与热情去阅读它们？每一个人的时间、精力都有限，应该选择最急需、最必要、最有价值的书；重质量而不盲目追求数量，避免"贪多嚼不烂"吸收不了，白白浪费时间和精力。别林斯基说得好："我们必须学会这样一种本领，选择最有价值、最适合自己需要的读物。"别林斯基这一名言，今天读来更感贴切。

一、开卷并非都有益

"开卷有益，多多益善"，这是一条阅读战略。然而，另一条阅读战略就是"不加选择不读书"。因为世界上文山书海，书是读不尽的，就是读尽也无用，因为其中有些书并没有一读的价值。"多读一本没有价值的书，便丧失可读一本有价值书的时间和精力。"更何况书籍犹如朋友，必须慎重选择。"阅读一本不适合自己的书，比不阅读还要坏。"如果不加选择地用许多书来填充头脑，就意味着丧失固有的想象力。所以"开卷"并非都"有益"。

著名哲学家冯友兰在谈到自己的读书经验时，第一条经验就是"精其选"。他说道："古今中外，积累起来的书真是多极了，可谓浩如烟海。但是，书虽多，有永久价值的还是少数，因此，把书分为三类：一精读，二泛读，三供翻阅。"

现在的书籍大致分为四类：一是值得精读的，二是可供参考的，三是没有参考价值的，四是误人子弟的。而"开卷有益"是针对前两类而言，并非一概而论。所谓一流的书籍，就是最有价值的书籍，是上乘之作，是名篇，是经过了漫长时间的考验所留下来的著作。读了一流的书，可以举一反三，触类旁通，扩大视野。古人说："取法乎上，仅得其中；取法乎中，仅得其下。"只有读一流的书，才有可能达到最高的精神境界，也才有可能抵达最佳的审美境界。如果舍一流的书而去读二三流书，得到的也只是三四流的读书心得。所以读书要选好书，挑选有价值的一流的书来读，而不要被二三流的书所误。

二、读古今中外的名著

古今中外的名著是智慧的结晶，是人类共有的精神财富，是世界上最富有生命力的一种文明力量。名著中所包含的思想和精神养料，要比普通的书丰富得多。因此，选择名著阅读是读书生活中重要的一环。

例如莎士比亚的戏剧就是卓越的文学巨著，它传承了既有的文学技巧，开启了诸多写作手法的先河，描绘了形形色色的人物，又是语言史上的巨著。同时，它还是欧洲文艺复兴时期形象化的历史，广泛涉及当时英国的政治、经济、思想、文化、风俗等各方面。又如歌德的名著《浮士德》，概括了欧洲三百多年的精神历程。这些书，可以说是常读常新。

又如一部《红楼梦》开启了一门专门学问"红学"，两百多年来无数人研究它，它的奥秘至今没有穷尽。对于中国每一个在文学殿堂中徜徉的人而言，《红楼梦》或许都是一部意义深远的书。它成了我们对于历史、社会生活、民族情绪最初或最深的理解。

三、畅销书不一定是好书

畅销书之所以畅销，要么为一个庞大的群体所认可，要么是通过媒体宣传的结果。一部分畅销书是所谓的经典著作，而另一部分畅销书只是快餐式文化。对于正在成长中的青少年而言，若随意滥读或是因受宣传的影响而进行媚俗性阅读，将会养成一种低下的阅读趣味和阅读习惯，一旦定型，日后很难纠正过来。更糟糕的是，日后即使再面对名篇时，已变得俗气的目光也会将名著看俗了。

当然，畅销的未必是坏书，好书也不一定滞销。像史蒂芬·霍金写的《时间简史》讨论深奥的天体物理学，就在全世界大受欢迎。王尔德说："严格划分何种书该读，何种书不该读是荒谬绝伦的。"话虽如此，在畅销书之外，扩展青少年的阅读领域，对于青少年的心智成长，无论如何都是有益的。

四、根据报刊或有关书上的评介来选书

比如想读些当代诗人的诗作，却不知道有哪些著名诗人和著名作品，也不知道这些诗人和作品的特点和风格，就可以通过查阅已经出版的几种当代文学史上的评述来选择。有时并无专门的研究目的，只想选一两部反映当前社会问题的优秀小说来读，就可以翻看文艺报刊的评介，或从近年来获奖的小说中来挑选。有的评介文章还有比较，指出某一部书在同类书中的地位和影响，读这类文章，青少年选书就更方便了。

作为一名读书人，既要学会阅读、善于阅读，也要学会选择、善于选择。选择能使人辨真伪、分优劣、辨美丑，能使人独立判断的书籍，不盲从，不迷信。即使是名家名篇，也有一个选择的问题。"选择出智慧"，不会选择就谈不上有所发明和创造。如果想成为创造型人才。那么，应该学会的头一件大事，就是能在知识、信息的急流中辨清方向，能从大量文献资料中选取最有价值的知识、信息。

五、了解青少年感兴趣的书籍

家长或老师要鼓励青少年自己选择读物，和他们讨论哪些是适合他们看的读物，哪些是他们自己特别感兴趣的读物，并以此为标准选择读物，给青少年一定的选读物的权利。

如果发现青少年的书包里有一些不良的书籍，不要大惊小怪，也不要严厉地制止。家长或老师的制止实际上等于鼓励，越不让他看他越要看，说不定他会看得更认真。要知道，青少年的反抗心理都很强烈，不服人管。只要他想看，他就会有办法看。因此，老师和父母应该放下架子，以一个朋友的身份坐下来了解青少年所看的书，问问他为什么喜欢看这本书，跟他沟通一下书中的内容，了解他们希望读哪些书，再从一个正面的角度去分析哪方面的书会给人带来不好的影响，或者使人产生消极的思想，哪些书会给人带来积极上进的思想。可以多跟青少年说说"名人志于学"的故事，青少年比较容易接受，而且他们对这些故事也比较感兴趣。多听听他们的想法和意见，多了解他们对哪方面的书籍比较感兴趣。

第三节　多读经典名著

什么是名著呢？名著就是这样的书——哪怕只是一瞬间，它都会使你从中感受到生活的意义。名著是能够经受住时间考验的书，是世界上亿万读者多少年来为从中得到特别启迪而阅读的书。

名著是几百年来流传下来的精品，凝聚着许多文学大家毕生的心血。我们知道，曹雪芹为了写好《红楼梦》，耗尽了最后的生命；托尔斯泰写《战争与和平》，前后修改了七次，可以说是呕心沥血。

一、让青少年结识经典

有位大学教师在课堂上这样对他的学生说："我小时候家里很穷，没有书看，我就到邻居家借书。邻居是位大学教授，教历史的，家里有很多很多书。我向他借的第一本书是《约翰翰·克里斯朵夫》，你们知道我最受感动的是什么吗？约翰·克里斯朵夫很小的时候，把一排小板凳排好，然后站在板凳前作指挥，他那时候就很喜欢音乐了。这个情景我一直都没有忘记，现在我重读这本小说，最感动的还是这个细节。"

可是，现在的青少年对这些名著普遍不感兴趣，有的只闻其名未见其面，有的甚至连名字也没听说过。老师和家长可以通过讲故事让青少年结识经典。

向青少年讲述田忌赛马的故事，使孩子了解《孙子兵法》是我国古代一部著名的兵书。向孩子讲述诸葛亮"草船借箭"、"火烧赤壁"、"空城计"等故事，向孩子推荐《三国演义》。然后进一步说明，《孙子兵法》《三国演义》中的一些思想已被当今许多企业家用来作为管理的指导思想，使他明白经典中包含着人类智慧的结晶，这样就很容易拉近青少年与经典的距离。与此同时，还可以就经典中的某些人物的刻画，分析人物所具有的人性本质的东西，使青少年感受到经典中的事情虽然不是现在的，但经典中的人物好像就在他们身边。这样就会使青少年对经典感兴趣。

二、阅读名著对于青少年的益处

经过几千年的大浪海沙而留下来的那些具有权威性的著作都属"经典"。经典是永恒的，是人类智慧的结晶，是能够经得起人们的品读和研究的。经典中包含着艺术，反映了人性的真善美。让青少年多读一些经典名著，对他的阅读和成长无疑帮助巨大，对青少年的气质和修养的影响效果也不可小视。

1. 阅读名著，可以弥补青少年生活经历的不足

一个青少年经历的事，看见的场面，体验到的情感，相对于丰富的社会生活而言，是少得可怜的。有许多场合、许多事件，你可能永远也不会经历，比如遭遇冰海沉船时的恐惧，遭受诬陷冤屈时的无奈，梦中童话世界的神奇，经历世事变幻的大喜大悲等。而通过阅读，就可以借鉴他人的经历，扩大自己的视野，丰富自己的情感世界。许多作家足不出户，也能写出表现丰富社会的作品，很大

一部分靠的就是别人的间接经验，即把从别人那里获得的间接经验，再加上自己的体会，经过头脑的融合、加工，最后升华为自己的东西。

2. 阅读名著，有利于提高青少年的精神素养

名著里的故事和人物，往往蕴含着人类某种精神，比如是与非、善与恶、爱与恨等基本观念。通过阅读，人物身上的好品质被青少年认同，会潜移默化为青少年自身的财富与修养，坏品质或缺陷也会引起我们的反思。比如读《三国演义》就会被关羽的忠义所感动；读《悲惨世界》，就会被冉·阿让的宽容所折服；读《老人与海》，又会被弗朗索瓦老人的勇气所倾倒。名著里的人物，就好像人生的一面面镜子，时时照见一个人的灵魂，帮助人们建立起完善的是非标准，提高青少年的人文修养和精神气质。有人作过统计，人的读书量和犯罪率成反比，原因可能就在这里。

3. 阅读还可以帮助青少年直接提高语言能力

人们学语言主要有两种途径：一是日常会话，二是阅读。由于日常会话使用的大多是口语，因此，相比较而言，通过阅读学习的语言更规范，更系统，也更加权威，这和我们在正式场合，比如作文中使用的语言是一致的。因此，对于语文学习来说，阅读的影响更大。而名著的语言正是书面语的典范。文学史上，有的人（像高尔基）连学都没有上过，最后却成了有名的作家，他们的语言能力主要靠阅读名著获得。

三、指导青少年读名著的方法

我们常听到孩子说："名著太难懂了，我啃不进去。"那么，作为老师和家长，就应该想一些办法帮助青少年步入这个奇妙的世界吧。拿一本您推荐给青少年读的名著，然后告诉他按照下面的建议去读。

1. 知道你正在读什么

这是一部小说、剧本，还是传记或历史？要想知道这一点，查一查目录，读一读封面和前言，或者在《百科全书》中查一查题目或作者。

2. 不要躺在床上读书

读名著是很难，所以要求青少年必须思想活跃，器官敏锐。如果青少年躺在床上读书，就会想睡觉，那么当他们开始打瞌睡的时候，就会埋怨那本书。

3. 不要被众多的人物所左右

陀思妥耶夫斯基在他的《卡尔马卓夫兄弟》一书中写了50多个主要人物，托尔斯泰在《战争与和平》的第一章中用了22个又长又复杂的名字，这些都会使青少年脑袋发涨。这时应该告诉青少年，不要急着往前翻，坚持看下去，渐渐地，这些人物就会变得清晰。你会觉得和他们在一起，就像和你的老朋友在一起一样。要知道，你的许多朋友，在结识前也是陌生人。

4. 给作者一个机会

不要过早地说"我看不懂"，要坚持读完。有时也许是你对你要读的那本书还没有作好充分准备。如果你认真看了但确实看不懂，你就把它放到一边，搁一段时间，先去读另一本书。

5. 大段大段地读

别小口小口地啃，你读的句子越长，你就越能进入书的节奏和感情，从中得到的乐趣也就越大，

6. 读该书作者读的书

莎士比亚为了写《仲夏夜之梦》，曾仔细阅读了诺斯的《普鲁塔克传记》的翻译本。任何一个作家都是他所处的那个时代的产物。了解当时的历史、作家及其他人所面临的问题和他们的态度，会帮助你理解作家的观克。作家的观点也许会不一致，没关系，起码它使你思考。

7. 阅读有关作者生平的书

你对作家的个人经历知道得越详细，你就越明白他为什么会写出他所写的作品，你就会开始明白隐藏在作家作品中的自传性的花絮。我们关于莎士比亚的大部分猜测，都是从他的剧作中找出的线索。

8. 重读一遍

所有名著都得反复读。你读完一本书后，如果很感兴趣，又不完全懂，那么立即重读一遍，你会发现更多的东西。如果几年前你读过一部名著并且喜欢它，就再读一遍。书里还有那么多东西可以告诉你，你简直不会相信这是同一本书。

读名著的好处是很多的，要坚定地让孩子树立读名著的思想观念，并且注意培养孩子对名著的兴趣和教育他们读名著的方法，只要让他们坚持读下去，一定会有意想不到的收获。

第四节　读书要持之以恒

一位诗人说过，神明在通往幸福天堂的道路上设置了很多需要辛勤劳动才能克服的障碍。知识和才干的增长同样不是一朝一夕的事，只有通过坚持不懈的阅读，才会有所收获。读书，需要像蜜蜂一样勤劳。毛泽东同志在湖南第一师范求学时，曾写一联以自勉："资有恒，何必三更眠五更起；最无益，只怕一日曝十日寒。"老师和家长一定要告诉青少年，读书要有持之以恒的科学态度。

一、坚持不懈进行阅读

美国人埃利胡·布里特 16 岁那年，他的父亲就离开了人世。于是，他不得不到本村的一个铁匠铺当学徒。每天，他都得在炼炉边工作 10 到 12 个小时。但是，这个勤奋的小伙子一边拉着风箱，一边在脑海里紧张地进行着复杂的算术运算。他经常到伍斯特的图书馆阅览那里丰富的藏书。在他当时所记的日记中，就有这样一些条目：

6 月 18 日，星期一，头痛难忍，坚持看了 40 页的居维叶的《土壤论》、64 页法语、11 课时的冶金知识。

6 月 19 日，星期二，看了 60 行的希伯来语、30 行的丹麦语、10 行的波希米亚语、9 行的波兰语、15 个星座的名字、10 课时的冶金知识。

6 月 20 日，星期三，看了 25 行希伯来语、8 行叙利亚语、11 课时的冶金知识。

终其一生，布里特精通 18 种语言，掌握 32 种方言，被人尊称为"学识最为渊博的铁匠"，名垂史册。

古书上曾这样说：周公这样至高无上的圣人，每天仍坚持读书百篇；孔子这样的天才，读书读到"韦编三绝"；墨翟这样的大贤，出行时装载着成车的书；董仲舒名扬当世，仍闭门读书，三年不往园子里望一眼；倪宽带经耕耘，一边种田，一边读书；路温舒截蒲草抄书苦读；黄霸在狱中还向夏侯胜求学；宁越日夜勤读以求十五年完成他人三十年的学业……详读六经，研究百世，才知道没有知识是很可怜的。不学习而想求知，正如想求鱼而无网，心虽想而做不到。

古书上又说：吴地产劲竹，但没有箭头和羽毛成不了好箭；越土产利剑，但是没经过淬火和磨砺也是不行的。人性聪慧，但没有努力学习，必成不了大事。孔夫子临死之时，手里还拿着书；董仲舒弥留之际，口中还在不停诵读。他们这样的圣贤还这样好学不倦，何况常人，怎可松懈怠惰呢？

悬梁刺股、凿壁偷光、燃薪夜读、编蒲抄书、负薪苦读、隔篱听讲、织帘诵书、囊萤映雪、韦编三绝、手不释卷、发愤图强、闻鸡起舞……这些流芳百世的勤学苦读的典范和榜样，仍将激励后人，光照千古。

让我们作一个粗略的计算，按照中等阅读速度每分钟读400字，假如每天抽出15分钟的时间用于学习，可以读6000字；如果能够抽出30分钟，则可读1万多字。即使只按15分钟计算，一个月下来就看了18万字，一年下来就是200多万字，这差不多是3000多页的书；若按一本书20万字计算，每天读书15分钟，一年就可以读十多本书，这个数目已相当可观。如果每天有1小时用于读书，能读24000字，一周7天读168000字，一个月可读720000字，一年的阅读量可达800多万字，相当于20万字的书40多本。

威廉·奥斯罗爵士是美国当代最伟大的内科医生之一。他的杰出成就不仅在于他精深的专业知识和技能，而且因为他具有各方面的渊博知识。他非常重视提高自身文化素养，也很清楚要了解人类杰出成就的最好途径就是阅读前人留下的文字。但是，奥斯罗有着比别人大得多的困难。他不仅是工作繁忙的内科医生，同时，他还得任教，进行医学研究，除了少得可怜的吃饭、睡觉时间，他的大多数时间都花在这三项工作中。

奥斯罗自有他的解决办法。他强迫自己每天必须读书15分钟，不管如何疲劳、难受，睡觉之前的15分钟必须用来看书。即使有时研究工作进行到夜间2点，他也会读到2点15分。坚持一段时间后，他如果不读上 15 分钟就简直无法入睡。在这种坚持下，奥斯罗读了数量相当可观的书籍。除了专业知识之外，他在其他方面的才学亦十分全面，这种趋于完美的知识结构使他能够充分发挥其他业余爱好，并皆有所成。

二、专心致志读书

读书光靠坚持不懈还不行，有些人也在孜孜不倦地阅读，也是成效并不大不大，这并不是由于他们不努力，而是由于他们学习时平均使用力量，不善于"专一不二"。阅读的成效来自于一定时间内的专一不二，有人把这种学习状态形容为"聚焦"。聚焦的能量足以使坚硬的金属熔化。

美国发明大王爱迪生在回答别人的提问"成功的第一要素是什么"时答道："能够将你身体与心智的能量锲而不舍地运用在同一个问题上而不会厌倦的能力。你整天都在做事，不是吗？每个人都是。假如你早上 7 点起床，晚上 11 点睡觉，你做事就做了整整 16 个小时。对大多数人而言，他们肯定是一直在做一些事，唯一的问题是，他们做很多很多事，而我只做一件。假如你们将这些时间运用在一个方向、一个目的上，那么就会成功。"

有一位日本企业家曾经写过一本《90 分钟集中精神法》的小册子，书中提到：一个人能够集中精神做事的最大时限平均约在 90 分钟上下。他以早餐会、讨论会、写稿、演讲为例，认为能够集中精神全力以赴的时限，大约在 1 到 2 小时之间，其平均值约为 90 分钟。我们观摩电影和音乐会等，一般时间也都定在一个半小时左右，倒也符合90分钟集中注意力的说法。有专家经过研究得出结论，人们集中精力的最佳时限为25分钟。超出此限，精力就不容易集中。因此，如果每天在你认为最合适的时间安排25分钟阅读，这是最有成效的。据测定，25分钟可阅读普通读物20页，如果一本读物为280页，两周可读一本，一年可读26本。读自己感兴趣的书籍，更容易集中自己的注意力。

如果了解自己能集中注意力阅读的最高时限，将会有助于自己阅读效率的提高。因为清楚自己注意力集中的最高时限，就不会毫无意义地把阅读的时间作不必要的延长。如果你的最大时限是50分钟，那么不妨就在50分钟以后休息一下。休息是为了积累更多的能量，在适度的充电之后，就更能提高学习效率。适度地变换阅读内容，也有助于自己注意力的集中。为了保持学习效率，必须注意学习内容的求新、求变。

列宁读书的速度和理解的深度异常惊人。有一次，一位老布尔什维克见列宁捧着一本很厚的外文书在快速翻阅，便问他，要把一首诗背下来需要读多少遍，列宁回答说：只要读两遍就可以了。列宁之所以具有如此强的记忆力，是与他读书过程中的专心致志分不开的。他读起书来，对周围的一切全不理会。有一次，他的几个姐妹恶作剧，用六把椅子在他身后搭了一个不稳定的三角塔，只要列宁一动，塔就会倾倒。然而，正专心读书的列宁毫未察觉，纹丝不动。直到半小时后，他读完了预定要读的一章后，才抬起头来，木塔轰然倒塌。

这个故事说明，要想把书读透、记牢，注意力必须高度集中。古人早就说过：读书有三到，谓心到、眼到、口到。读书要专心，道理好懂，做起来却不容易，究其原因，一是人往往易为复杂的环境所干扰，而被环境所支配；二是普通人缺乏训练，专心干一件事是一种能力，这种能力需要通过训练和锻炼才能获得。心理学上对注意力集中有一定的训练方法，但只是针对较短时间内的精神集中，如几分钟或个把小时。如果是指一段时间内，几天、几周甚至更多时间内集中注意力做一件事情，似乎没有成熟的训练方法，主要还是靠自己在实践中训练。

第五节　阅读要与实践结合

即使一个读者具备了各种阅读理解能力，也有可能对某些书仍然读不懂。这是什么原因呢？这是因为读者没有书中所讲述的事物的经验，即使看懂了字面意思，却仍然很难理解。

战国末期的时候，有一个叫赵括的人，他是赵国名将赵奢的儿子，自幼熟读兵书，谈起兵法来头头是道，连他的父亲也难不倒他。当时有不少人觉得他是个将才。后来秦国进攻赵国，大将廉颇奉命御敌。廉颇针对秦军来势凶猛的特点，采取了固守的策略，没有立即出战。赵孝成王听信谗言，认为廉颇年老怯弱，于是改派赵括为上将，到长平接替廉颇。赵括自以为熟悉兵法，一上来就照搬兵书上的条文，主动出击，结果中了秦军的圈套，全军覆没。赵括本人也死在乱箭之下。后人批评赵括这种读书不结合生活实际，只知夸夸其谈的学风，说他是一个只会"纸上谈兵"的人。

赵括就是典型的读书不结合生活实际的反面教材。美国第一任总统华盛顿说过：读书而不能运用，则所读书等于废纸。在青少年读书时，务必要时时提醒他，读书长知识是为了将来运用在实践当中，而不是用来夸夸其谈的。

一、阅读要与生活实际相结合

1. 从阅读的效果看

凡是脱离生活实际死抠书本的人，在理解方面往往不能深入，学到的知识也常常不能融会贯通。宋代大诗人陆游在《冬夜读书示子聿》一诗中曾写道："古人学问无遗力，少壮工夫老始成。纸上得来终觉浅，绝知此事要躬行。"在这里，他深切地感受到单纯读书的局限性，强调读书必须与实践相结合。书本知识固然是人们实践经验的总结，但是对于读者来说，它毕竟是间接的，没有经过自己的亲身体验。因此单纯从纸上获得知识就难免流于肤浅。读书只有联系生活实际，自己亲自体会验证一下，认识才能由浅入深，把书本知识化为自己的血肉。

古往今来，读书能结合生活实际而获得真正知识的不乏其人。明代医学家李时珍坚持一边读书，一边行医采药，跑遍了祖国的名山大川，最后终于写出了具有极高科学价值的巨著《本草纲目》。清代学者顾炎武，抱定"行万里路，读万卷书"的宗旨，一边读书，一边作社会调查，撰写了具有真知灼见的《天下郡国利病书》，他们都是读书联系生活实际而取得成就的典范。

2. 从对书本知识的检验和评价方面看

就一般的书本知识来说，都是作者在彼时彼地经验的总结。但是，客观生活实际情况往往是千差万别和不断发展变化的，因此书本知识也往往是不完全的。我们从一本书中获得的知识是否正确，是否符合自己这里的生活实际，还要放到实践中去检验。如果认为只要是书上的东西都是对的，而不结合生活实际进行评价检验，就可能接受错误的东西。

有人说，一年读一次莎士比亚，每次都可以有新发现。每一本书，咀嚼一回，总可以得到些真味。不要只相信别人的说法，虽然明达的批评可以帮助我们理解，可惜这样的批评并不多。和十个人相交，未必有两三位可以成为朋友；从书中所得的友谊温情，比例却比较高。有时我们自己的经验没有成熟，不能理解一部作品；有时同一部作品，因为读的时间不同，给我们留下了不同的印象，这也证明自己的经验往往对读书有很大影响。所以，我们要想深入到书里去，必须同时将生活经验尽力扩大。有批评家说，少年人读塞万提斯的《堂吉诃德》会发笑，中年人读了会思想，老年人读了却要哭，也就正是这个道理。

3. 从阅读的目的看

作者把自己的实践经验写成书本，其目的不是为了藏之名山，而是为了传之后人，用自己的经验去指导他人的实践。而对于读者来说，读书的最终目的不是为了了解知识，炫耀知识，而是为了运用知识。读书如果不是为了应用，就失去了读书的意义。而要应用，就必须联系生活实际。

在读书观念上，毛泽东在理论联系生活实际方面，为我们树立了光辉的榜样，他一贯主张学以致用，要用学到的知识之箭去射实践当中的靶子，而不要把箭拿在手里，连声赞曰"好箭好箭！"，却老是不愿射出去。

从读者一方看，就是通过语言的组合即文章获知作者的经验。这正如驾驶员在十字路口看到了红灯就应该想到必须停车，看到绿灯就想到可以继续前行。文章是复杂化的信号，如果不懂得红灯停绿灯行的信号功能，就无法驾驶车辆，同样，如果不领会语言的意义，就读不懂书。但是，只知道信号的意义而毫无驾驶经验的人，在十字路口只能束手无策。驾驶员在知道信号意义的同时，必须还要有实际的驾驶经验。同理，读者不仅要知道语言本身的意义，而且或多或少也要结合自身的经验了解语言所表达的到底是什么。否则的话，就不能真正理解文章的含义。

因此，书本与生活不可以分开，应该把它们熔于一炉。书本帮助你理解生活，生活也能帮助你理解书本。

二、阅读还要活学活用

如果在读书时能慎读精思，融会贯通，去粗取精，举一反三，就是将书读活了。这样就能将书本中的死知识，变成自己脑子里活的智慧。正如叶圣陶先生诗中所说："活读运心智，不为书奴仆。泥沙悉淘汰，所取唯珠玉。"

读书是接受前人的知识；实践，可吸取鲜活的知识，并能将书本知识化为改造世界的能力。可有时却相反，因此有的人成了书的奴隶，这不能不令人痛惜。不顾实际、死啃书本的人，甘做书奴，他读书越多，就会变得越痴呆，深受书之害。因此，要善于驾驭书本，居高临下地读，而不要将自己埋进书本之中，被书淹没。

1. 书不是收藏更不是装饰

你应占有书本，而不能为书本所左右。有书就要去读，达到为我所用。有了书而不去阅读，就是莫大的悲哀。下面有两则事例能给人以启示：

法国有一个藏书狂，名叫安利•鲁拉尔。他买起书来，总是一马车一马车地往家拉。好书越来越多，他便考虑购房存书，总共买了5栋房舍用来藏书。这么多书他自己根本看不完，但也绝不借阅给他人。他去世后，后人将其所藏之书廉价出卖，使得巴黎旧书市场价格一落千丈。

另一位悲剧制造者，是葡萄牙里斯本的一位银行家，名叫古拉皮纳。他总是将自己最贵重的书藏得很好，秘不示人，并全部运至里斯本市郊的一个小村子里，并盖了个书库珍藏。有人问他，为什么不放在里斯本家中呢？他答道："朋友来访难免会借阅，大都一去无回，即使不借走，就这么翻阅，日久也会把书翻坏的。"古拉皮纳将书藏于郊外的"深闺"，自己也从不去阅读。这样，郊外的书库自然成了"书坟"，而主人则是名副其实的"守墓人"。

将书当"花瓶"的，不仅外国有，中国也并不少见。有一位小姐，出门必带一本精心挑选的书。不少朋友对她投以钦美的眼光，赞她"藏书可观，好学不倦。"可她的答语十分惊人："才不呢！我带着书是给人看的。我每天拿着不同的书在手里，走在大街上，为的是调配衣服的色彩。"珍贵的书只是用来装潢门面，委实太可惜了。

是的，书如果用来装饰，那就与书的本来用途背道而驰了。但死读书同样是有害的，尽信书不如无书。要努力创造条件"行万里路"。多跑，多看，多调查研究，这就会扩大生存空间，了解丰富多彩的"外面的世界"。视野的扩大、实践知识的增加，两个领域的互补，必能激活思维，必有利于理论同实践的结合。"读万卷书"同"行万里路"有机结合起来，是成功的法则。

2. 自然是最伟大的书

对读书的理解程度，与读书人基础文化的高低，实践知识的积累多少，经历、见识的深浅极有关系。清代文学家张潮说得十分形象："少年读书如隙中窥月，中年读书如庭中望月，老年读书如台上玩月，皆以阅历之浅深为所得之浅深耳。"因此，我们既要在书斋中攻读，也要在丰富多彩的实践中读活书，读自然之"书"、社会之"书"、生活之"书"，并将这些书与已有的知识融会贯通。

大自然是一位伟大的导师。它能教化人、激发人、启迪人、鼓舞人。任何创造者都是大自然的热爱者。要尽情地投身自然的怀抱，乐于接受大自然的馈赠。大自然的沐浴最能焕发人的情感，调动人的精神。作家徐志摩曾深情赞颂大自然的恩泽："自然是最伟大的一部书。""什么伟大的、深沉的、鼓舞的、清明的、优美的思想的根源不是可以在风籁中，云彩里，山势与地形的起伏里，花草的颜色与气息里寻得？""只要你认识了这一部书，你在这世界上寂寞时便

不寂寞，穷困时不穷困，苦恼时有安慰，挫折时有鼓励，软弱时有
督责，迷失时有指针。"

读活书还表现在不放弃任何时机，及时将各种知识存储起来。
一个人要放开自己的手脚，伸长自己的触须，要对什么都有新鲜感，
随时随地接受新的知识。在未知世界面前，要做个有心人。要珍惜
每一个学习机会，每一种能力的培养，哪怕是不起眼的雕虫小技，
你若眼疾手快，学到了它，也许以后就能用得上。

处处留心皆学问。一个人有了对新事物的热情，时时做一个有
心人，就会比一般人接受到更多的知识，开发出比一般人更强的
能力。

书，是时间的凝聚，是智慧的结晶，是一代代智者经验的沉淀。
只要不断地从读书中汲取知识，一定可以将自己演化成一个对社会
有用的人，一个自身得到完善发展的人。

第六节　边阅读边思考

哲学家伏尔泰说："书读得多而不加思考，你就会觉得你知道得
很多，而当你读书思考得很多的时候，你就会清楚地看到你知道得
还很少。"苏格拉底说："不经反省的生活不值得过。"思考的能力
是上帝赐给人类的最宝贵礼物，我们应该充分利用它去获得智慧。
培根说过："用书之智不在书中，而在书外。"读书收获多少关键在
思考。青少年阅读中往往不思考，囫囵吞枣，老师和家长要从小培
养他们边读边思考的习惯。

一、思考与阅读的关系

阅读与思考的关系非常密切，阅读过程实际上就是人的大脑的思考过程。读与思应该密切结合，这是被现代科学研究证明了的。现代心理学家和阅读研究者通过科学的实验手段，已经得出了明确的结论：阅读的根本机制在大脑，而大脑的主要作用是思维。美国阅读学家施道弗在他的《阅读———一个思维过程》中明确指出，阅读的本质是思维。因此，我们说阅读与思维是密不可分的，阅读过程是人的大脑在思考的过程。所以，阅读时我们必须把阅读与思考有机地结合起来，任何把阅读与思考分割开来的做法都是反科学的，都是违背阅读规律的，是绝不会取得好的阅读效果的。

阅读与思考的密切关系，早被人们所认识。我国古代著名教育家孔子就明确指出："学而不思则罔，思而不学则殆。"宋代学者朱熹把读思结合作为一条学规昭示于众，他说："学便是读，读了又思，思了又读，自然有意。若读而不思，又不知其意味……若读得熟而又思得精，自然心与理一，永远不忘。"清代学者王夫之也说过："致知之途有二，曰学，曰思。"关于阅读与思考，人们还有许多精辟的见解，诸如"好学多思""熟读精思""博学慎思""精读细思"等等。以上主张，都正确揭示了学与思、读与思之间密不可分的关系，强调把阅读与思考有机地结合起来。

许多读书大家在读思结合方面都给我们做出了榜样。鲁迅在强调读书要"心到、手到、眼到、口到"的同时，特别强调"脑到"。在鲁迅一生的学习和研究中，始终贯穿着独立思考的精神。他读了孔子、孟子、庄子等古代思想家的著作，不是全部否定或无批判地接受，而是通过思考，取其精华，去其糟粕。总之，把阅读与思考结合起来是十分重要的。只有这样，阅读才能取得理想的效果。

结合青少年的读书情况，在初期，老师和家长可以在青少年正在看一本书或者刚看完一本书时，有意跟他讨论这本书的内容，可以先这样问："书中写了怎样的人物？是通过什么故事写的？"如果青少年正在看一本书，他可能会因故事的情节发展而发出惋惜声或者笑声，这时一定要抓住时机，不妨问他："什么故事又让你笑了？"青少年自然就会叽里呱啦地说起书中的种种。在青少年评论时，老师或家长一定要微笑着用眼神鼓励他，表示你对他所讲的很惊讶，很有兴趣。还要不时地问"是吗？"，引发他继续往下讲，最后问他："这个故事说明了什么问题？"在青少年读论述文或科普读物时，给他们提一些思考题，例如：作者的见解是什么？作者是怎样论述的？论述的道理在生活中如何应用？经常这样辅导，青少年就会养成思考的习惯，将来读书时自己就会给自己提出问题。

二、阅读中的思考方法

当青少年已经具备在阅读中自觉思考的意识之后，就可以给他灌输一些具体的思考方法。

1. 未读先思法

这是先根据目录、章节标题进行思考，构成一本书的轮廓。然后再细读原文，边读边与自己推想的那本书进行对比、印证，研究二者之间的差距，并更进一步加深对书中内容与表达形式的理解。

2. 正读反思法

这是阅读中通过积极思维，从正反两个方面理解和评价文章，从而更深刻地理解原文的一种评判性阅读方法。正读，是指首先要正确地理解文章的本义。反思，就是朝着与习惯性思维相反的方向进行思考，或者提出与作者不同的论点和论据，进行不同的论证。

3. 读后再思法

这是指先读原文，正确理解原文，再运用自己原有知识进行综合分析，然后考虑吸收其精华，充实自己的知识储备，或修正其谬误，提出自己的见解。运用此法时应注意：读原文时不能抱偏见，避免先入为主；分析时要全面，敢于质疑；提出自己见解时要慎重，力戒草率。

4. 掩卷凝思法

这是读后再思的另一种阅读形式，即在读完一章一节的文字或全书后，合上书本，继续凝神思索，复现、回味书中的内容，或默默探寻某种深意及解决某种问题的途径和方案等。这种方法对于增强对书中内容的理解与记忆，或根据书中内容发现问题、解决问题都有很好的效果。

总之，我们要教育青少年把学与思相结合，力求使他达到对知识牢固地记忆与掌握、透彻地理解与领悟的阅读目的。

第七节　把阅读当作一生的追求

被授予共和国中将军衔的孙毅将军，在他的百岁人生中，一直未曾间断读书：早年在旧军队时，他喜欢读《三国演义》；参加红军后，他又读了马克思、列宁、毛泽东的著作；1952 年赴朝鲜战场参观学习时，他还带着苏联战争题材书籍，有空便翻几页；在文化大革命中，他身处逆境，却利用"靠边站"的赋闲时间重读了《毛泽东选集》和《鲁迅全集》；晚年离休后，他又把《资治通鉴》通读了一遍。孙毅将军一贯鼓励青年人读书，他说："对学习要有个长期的打算，要准备读一辈子书。我替大家算了一笔账，假如每天能用两个小时的业余时间读书，学政治、学经济、学科学、学管理，按每小时慢读 5000 字、人活到 70 岁计算，那么一个人一辈子就可以读两亿多字的书，总共大约是一两千本。希望大家抓紧时间读书，把头脑变成一个小型图书馆。"

孙毅将军一生都在学习，把读书当成终生的事业，堪称"活到老，学到老"的楷模，值得我们敬佩，更值得我们追随与学习，追随他不曾间断的学习脚步，学习他不断进取的读书精神。

如果青少年以为读书只是在学校里的事情，唯有学校才是学习的场所，等自己长大了，离开学校后，就再也没有必要进行学习了，家长和老师就应该纠正孩子的这种想法。应当告诉青少年：在学校里自然要读书，离开学校仍然需要读书，并且要不断地读书。学校里学的东西是十分有限的，在工作中和生活中需要相当多的知识与技能，课本上都没有，老师也没有教给我们，这些东西完全要靠我们在读书中不断自我学习。可以说，如果不继续读书，将来就可能无法适应社会的发展，有被时代淘汰的危险。

伴随着以数字化、网络化为特征的现代信息技术的突飞猛进，新知识呈现出爆发性增长的趋势。知识量猛增，而知识的更新周期愈来愈短。据估计，人类的全部知识每五年就要翻一番。这就要求每个人都必须把学习贯穿自己的一生，活到老学到老。

在人的一生中，上学阶段只能获得需用知识的10%左右，而其余的90%要在生活和工作中不断学习才能取得。因此，传统的一次性学校教育已无法适应现实的挑战。那种结束学校教育，找到工作就一劳永逸的体制已成为历史。每一个人要想使自己适应未来工作的需要，就必须终生学习。终生学习是面对知识爆炸性增长的必然选择；终生学习是一种积极的人生态度，它会给你带来无穷的乐趣和活力。

学习是人类认识自然和社会不断完善和发展自我的必由之路，一个人只有不断地学习，不断地进取，才能获得新知，增长才干，才能跟上时代的发展，取得成功。而新知识很大一部分都来自于书籍。每一个人要想使自己适应未来工作的需要，就必须终生读书。特别是在科学技术飞速发展的今天，我们只有以更大的热忱如饥似渴地去读书、学习，才能使自己丰富和深刻起来，才能不断地提高自己的整体素质，才能更好地投身到工作和事业中去，才能赢得灿烂的明天和成功的未来。

终生读书，讲的就是人一生都要阅读，幼年、少年、青年、中年直至老年，读书将伴随人的整个生活历程并影响人一生的发展，这是不断发展变化的客观世界对我们提出的要求。古人云："吾生也有涯，而知也无涯。"当今时代，知识更新的速度大大加快，实践无止境，书海也无止境。我们要适应不断发展变化的客观世界，就必须把读书从单纯的阅读变为生活的方式，努力做到活到老、学到老，把读书作为一生的追求，实现终生读书。

革命先驱孙中山先生常道："我一生的嗜好，除了革命之外，只有好读书。我一天不读书，便不能够生活。"作为老师和家长，我们要告诉青少年，书籍是读不完的，无论文凭有多高，无论在哪个年龄阶段，无论身处哪种环境，无论现在或未来的成就有多高，都应该继续读书、不断读书，因为人生就是一本永远读不完的大书。我们要引导青少年活到老学到老，把读书当成一生的追求。

第四章　培养综合能力（上）

　　一个人能力的高低，直接影响其成长与进步，对青少年来说尤为重要。如何提高个人综合能力，是近年来人们一直关注的问题。我们要探究如何提高青少年的阅读能力，不能就事论事，阅读能力受到很多因素的影响，包括理解能力、思维能力、注意力、观察能力、想象力以及记忆力等等，这些能力或多或少地影响青少年的阅读能力。只有具备综合能力，才能在学业上有所成就，在以后的工作生活中为社会贡献力量。

第一节　培养理解能力

　　理解，指的是对任何一件事物的了解，如平时常说："老师讲的我都理解了"。理解、判断、推理能力的发展，都属于人类高级认识阶段的抽象逻辑思维的发展，在心理学中称之为理性认识过程。人类掌握知识的过程，必须在理解的前提下进行，而理解能力是在青少年时期逐渐培养和发展起来的。在对青少年的教育中，不断使青少年的理解、判断、推理能力与进行抽象思维的自觉性逐步发展起来，是青少年思维向高水平发展的重要标志，是青少年成年后能在各项社会活动中，在高层次的教学、研究、设计等岗位上进行创造性劳动必须具备的心理条件和心理品质。

青少年在学习中，要掌握知识，首先必须理解所学的知识。理解能力，又是在经验水平和智力水平的基础上培养和发展起来的。在家里，父母要利用各种时机有意识地对孩子提出一些"为什么"，让孩子动脑筋，去探索，养成从思考到理解、判断和推理的良好习惯，培养孩子的理解能力。在学校，老师必须要求青少年理解单词的意义、课文的内容等，而不要让学生对任何课程都死记硬背。最好的方法是多进行课堂提问，让青少年回答问题，通过这种方法对青少年的理解能力进行实际锻炼。

最低的理解能力是把寓言和童话故事混为一谈，看不出寓言的意义和隐喻，理解不了寓言所包含的思想意义或教训；较高的理解水平是开始能看出寓言中的教训和意义，并能把它转移到人的身上，只是概括的范围较狭隘；最高的理解水平就是立即能理解寓言的含义或隐喻，并能把抽象的教训意义转移到人身上。还可以从儿童对课文中人物及其因果关系、矛盾关系的理解，以及算术应用题的理解等来考察青少年理解能力的发展水平。

青少年理解能力的培养、锻炼和提高，主要是通过在学校学习各门课程来完成。因此，老师的教学质量与教学方法起着重要作用。

判断和推理是抽象逻辑思维中正确掌握概念、运用概念，组成恰当的结论，组成合乎逻辑的推理等不可缺少的。学龄初期青少年，在理解力不断增强的同时，抽象思维逐渐形成与发展，判断、推理的过程开始形成。此时，青少年的判断、推理能力还很差，只有随着儿童不断掌握比较复杂的知识经验和语法结构，才能逐渐发展起来。因此，理解、判断、推理的能力和水平，不仅与智力水平的高低有关，也与受教育程度、掌握知识多少有密切关系。一般在小学三年级后，儿童才能比较独立地、有根据地、明确地论证一些事物。随着学习的深入，青少年所学知识逐渐积累和系统化，到四、五年级，青少年的逻辑思维能力才能有进一步发展。在培养青少年判断、思维能力时，家长和老师都要注意青少年抽象逻辑思维形成与发展的规律。否则，在青少年尚未具备较为复杂的知识之前，硬性培养青少年的判断、推理能力，将不会成功。

第二节　良好的思维能力

对于思考，有的学生或许有这样的体验，不思考还好，一说要思考，要动脑，脑袋就疼，这事实上是不善思考，平时缺乏思考训练的表现。相反地，另一些学生觉得思考是一件自然、轻松、快乐的事，就是因为他们掌握了思考的窍门，积极思考，于是学习就轻松，成绩就优秀。其实，每个人都有一个神奇的智慧宝藏，那就是人的大脑。但是，很多人并没有真正打开智慧之门，有效利用这个智慧宝库。生理学、心理学研究表明：人一生中仅仅用去大脑能量的20%左右，其余的智力潜能都处于沉睡之中。谁能将自己的潜能唤醒，充分发挥出来，谁就能成为生活、学习上的成功者。

德波诺说："高智商并不一定伴随着全面的思维技能。高智商常常只限于做学问的狭小范围内。在我们的日常语言中，有智慧与聪明的区别：聪明属于高智商，而智慧则属于思维的技能。"常常听到家长和老师评价孩子，说有的聪明，反应快；而有的反应迟纯；有的说话、讲故事都井井有条；有的语言表达不清，东一句，西一句，没有条理等。这些事实上都是对孩子思维水平高低的评价。

那么，衡量一个人是否具有良好的思维能力的标准都有哪些呢？首先，思考问题是否从多角度出发；其次，在思考时，是否能看到事物的本质及事物间的内部联系；再次，是否善于独立思考，思考方法是否有独特性；最后，要看思考是否快速。

一、培养良好的思维能力的方法

1. 拓宽知识面，为思维创造广阔的空间

要培养广阔的思维，我们就要在日常生活中不断扩大和丰富知识领域和实践经验。只有具备大量的知识经验，才能从事物的不同方面和不同联系上去思考问题，避免思考的片面性、表面性和狭隘性。古今中外，许多成就显赫的人都见多识广，因而思维广阔，能冲破知识领域的界线，产生新的思想，从而取得新成就。学生时代正是学知识、长见识的时期，不断扩大和丰富自己的知识领域，多看书报，多参加社会实践活动，开阔视野，为以后的学习打下扎实的知识基础，就能不断拓展思维的广阔空间。

2. 克服思维的惰性，养成独立思考的学习习惯

独立的思维能力就是指善于独立发现问题、思考问题、解决问题的能力，不盲目依从，不武断孤行。许多成绩卓越的人都具有思

维独立的品质，所以能在人们司空见惯的事物现象中发现问题，并且勇往直前地追求真理，最终标新立异，有所建树。中小学阶段，学生正是把握基础知识的时候，确实需要老师的引导指点。但是绝不能依赖老师，不能什么都要别人"告诉"，要在老师介绍的主要知识点上，自己开动脑筋提出问题、分析问题、解决问题，多思、多问，通过自己的脑力劳动去获得真知。这不仅能让自己在独立思考的过程中锻炼思维能力，还能提高学习的兴趣。

3. 善于追根溯源，了解事物的根源

学习最忌死记硬背，学习最重要的是弄清楚道理，不论学什么，都要善于问为什么。这样，知识就如同有源之水、有本之木。在生活中，要善于发现有趣的或奇怪的事物，然后多问几个为什么，或者自己翻找资料，或者请教老师、家长，不让问题轻易从自己手边溜走。在学习中，要训练自己想得深，想得透彻。对学习中发现的问题，不能仅仅满足于课本上的解答或老师、同学的回答，要再想想，有没有更好的解决办法。即使所提的问题超出了所学知识范围，甚至老师一时也答不上来，那也没关系，重要的是你在学习中表现出求知欲、好奇心。这些求知欲、好奇心往往有利于培养我们的学习兴趣，更重要的是这种思考习惯的养成，有利于思维品质的训练。

二、熟练掌握基本逻辑方法

逻辑思维能力听上去似乎是一个很学术味的名词，似乎只有具备一定的天赋的人，付出大量努力，进行深刻思考，才算得上是逻

辑思考。其实，逻辑思考非常简单，连小孩子都能进行逻辑思考。只是人们对此习以为常，往往意识不到。下面所说的就是我们经常运用的几种逻辑思维方式，希望能让青少年对自己的思维方式有一个大概的了解，并通过自己在学习思考活动中的反复练习，熟练掌握这些逻辑思维方式，为己所用。

1、演绎与归纳

演绎是人的认识过程，归结起来就是从一般到特殊、从特殊到一般的循环往复的过程。演绎是指从一般出发去研究特殊，从共性出发去研究个性，从一般原理出发去推演个别结论，从而能够洞察推理的前提和结论之间的必然联系，掌握正确的推理前提。

福尔摩斯是全世界都喜爱的虚构侦探，他之所以能闻名世界，完全归功于高超的推理能力。他曾对他的搭档说："我亲爱的华生，这都是些基本的东西！"他告诉华生，他最著名的案子中有一件与一条晚上冲盗贼狂吠的狗密切相关。华生不解："但那天晚上，狗并没有叫。""完全正确！"福尔摩斯说。他正是据此得出结论：那条狗一定认识那个窃贼。这里，福尔摩斯用的就是演绎思考法。

演绎存在着一个缺陷，即如果事物研究的前提不正确，那得出的相应的结论也会出现错误。因此，对这样的结论必须进行必要的检查。

演绎是归纳的指导，归纳是演绎的基础，两者辩证统一。下面，我们就来看看归纳。

归纳，是指从特殊出发去研究一般，从个性出发去研究共性，从个别的特殊的知识出发去概括一般的普遍的知识，从个别事实去概括一般性原理，从而认识共性，掌握一般的规律。

比如，一位商人要对某种洗衣粉进行市场调查。他在三个地方分别采用三种不同的宣传手法。其中一个地方强调该产品对皮肤的无历害性，第二个地方突出该产品快速、有效的去污能力，在第三个地方突出该产品的价格优势。他得出的结论是消费者对反映去污能力强的广告反馈最积极，于是，他就用这个广告在全国推销自己的产品。这位商人就是先通过实验和观察发现事实，然后根据事实归纳出假设，即消费者对洗衣粉的去污能力最为关心。

同演绎一样，这种思考也有缺陷，就是如果观察有误或者事实不全，得出的假设就很可能会出错，而因此开展的活动也会受到很大影响。为确保这些假设的正确性，我们要不断对这些假设进行检验。一旦出现与假设不符的事实，必须尽快对原来的假设进行修正。

2. 类比

类比是指利用不同事物的局部相同或相近，来确定未知事物的性质和规律，同时确定不同事物之间或同一事物不同部分之间的异同关系。类比事实上就是由一事物的某些特征而联想到另一事物，从而能够进行合理的比较。如由三角形我们可以想到四边形，由四边形可以想到多边形；由点可以想到直线，由直线可以想到平面等。

类比不受已有理论或知识的束缚，善于运用这种思维方式，常常可以激发我们的新思想、新观念，创造性地解决新问题，培养我们的创造性思维能力。类比是通向创造发明的重要途径。很多发明和创造都是通过类比，加上人们的想象力、触类旁通而实现的。比如，20 世纪 60 年代的仿生学，就是在类比推理的基础上发展起来的。再如我们大家熟悉的飞机、潜水艇等的发明，就是人们从鹰的飞翔、鱼的浮沉中得到启迪，经过类比联系而获得的。在日常生活和学习生活中，如果我们善于运用类比，就有可能成为 21 世纪的发明创造人才。

3. 分析与综合

分析就是通过把一个整体事物，按照其组成部分的特性分解成各个部分，把一个复杂的事物分解成许多简单的事物，使认识过程简化，从而使人的认识能够比较容易地进入事物的内部，考察各个组成部分的相互联系，认识事物的运动变化发展。

综合是指在许多个分离零散的事物中找出它们的内在共同点，并把它们组成一个有机的整体，在这个过程中，使认识得到深化。

综合与分析两者之间互为因果，辩证统一。只顾分析，不要综合，就会只见树木，不见森林；相反地，只要综合，不要分析，就会只见森林，不见树木。在实际思考过程中，我们可以先综合后分析，也可以先分析后综合，这要根据所研究事物的性质而定。

在学习中，很多同学习惯跟着老师一节一节地走，一章一章地学，对所学章节与这门学科的整体系统之间的关系却不是很注意，出现我们所说的"只见树木，不见森林"的现象。随着所学知识内容的不断增加，就会感到内容繁杂，理不清头绪，学习负担加重。事实上，任何一门学科都有它本身的系统性的知识结构，学习一门学科前首先应该先对这一系统有所了解，从整体上把握知识，弄清所学知识在整体系统中的位置。这样，在平时的学习中就能更好地把握知识内容。

4. 抽象与概括

抽象与概括是对一类事物进行分析，从而总结出主要特征的一种方法。抽象是概括的前提和基础，没有抽象，就没有概括，只有把各种事物共同的属性抽取出来，才可能把这些共同的属性联结起来；概括又是抽象的必要补充和发展，没有概括，抽象也就失去了意义。最开始进行的抽象和概括一般都是借助于实物和直观形象来进行的。

我们开始学数字时，是在认识具体实物（如苹果）数量（一个苹果、两个苹果、三个苹果）的基础上，逐渐撇开实物，抽象出数字"1、2、3……"的，同时也弄明白这"1、2、3……"是代表事物数量多少的符号。这就是直观的抽象、概括。到了高年级之后，语言水平有了发展，能理解文字、符号的意义。这时，就可以借助于这些文字、符号、图像来帮助我们进行抽象概括。比如，在几何中学习"角"时，就要分析组成"角"的各种特征，将非本质特征——形状、位置、角度等与本质特征区别开，从而把本质特征抽取出来，得出"角"的概念："角是由一个端点引出的两条射线所组成的平面"。这就是抽象概括过程，通过这种方式进行训练，能有效提高我们的抽象、概括能力。

法国大作家维克多·雨果喜欢出国旅行。有一次在某国边境，宪兵要检查登记，就问他："姓名？""雨果。""干什么的？""写东西的。""以什么谋生？""笔杆子。"于是，宪兵就在登记簿上写道："姓名：雨果；职业：笔杆贩子。"

显然，以上判断是可笑的，而且错得离谱。我们来看一下宪兵的思维过程：以笔杆谋生的是笔杆贩子；雨果是以笔杆子谋生的，所以，雨果是笔杆贩子。宪兵的思维错误在于对"以笔杆子谋生"的理解不全面。这句话有两种理解：一是指"生产或贩卖笔杆子"，一是指"用笔杆子创作文学作品而取得稿酬"。而宪兵用第一种理解来登记雨果的职业，显然不符合雨果的情况。

因此，平时生活中，我们要善于运用逻辑思维，对遇到的人事进行分析推理，不要让报纸、杂志上刊载的那些有趣的，不合逻辑的笑话发生在自己身上。

第三节　培养创造性思维

创造性思维是思维的最高形式，是最有价值的，也是目前最流行的思维方式。创造性思维的基本方法其实就是发散思维法和聚合思维法的方法技巧。创造性思维从发生到形成是有一定过程的，有规律的，并能利用一定的信息载体使灵感的火花迸发，从而产生出丰富的创造性思维。在创造性思维的形成过程中，需要对知识、经验或材料进行高度概括，进行新的组合分析，找出新事物的层次及关节点，打破条条框框，敢于创新。

一、创造性思维的障碍

青少年要提高学习效率，就必须要掌握这种思维方法。但是，在思考学习中，人们常常会出现这样或那样的问题，很大程度上限制了人的创造性思维和创新能力。创造性思维的障碍主要有以下几个方面：

1. 缺少思维的原材料

学生由于缺少经验，知识贫乏，在思考的时候，常常因为"肚里没有墨水"而限制了思维能力。事实上，一个人所掌握的知识与问题相关的知识越少，产生新思维的机会就越少，创造性地解决问题的可能性也就越小。香港实业家郑裕彤没有受过高等教育，但他善于学习，在平时的工作中注意积累企业经营管理方面的知识和经验，长期下来，终于有所成就，为世人称道，著名的周大福珠宝有限公司就是他的企业之一。

2. 没有批判性地继承

在学习过程中，不加批判地吸收各种内容，结果导致无论有用还是无用的知识都堆积在一起。不通过自己思考就吸收前人的知识，会陷入别人的思维轨道，从而妨碍创造性思维的产生。因此，人在学习中不仅要取其精华，去其糟粕，在吸取精华的同时，更要深入理解这些精华所在，为己所用。

3. 深受习惯性思维影响

习惯性思维虽然能解决一些具体的实际问题，但是它常常会妨碍思维中的突破和创新。在世界各地拥有115家厂的现代化大企业，年营业额超过20亿美元的美国燧石公司老板菲力·史东二世，刚上任时发现他所经营的行业的业务接近饱和，且竞争越来越激烈。当时农耕机的轮子都是光秃秃的，开在坚硬的土地上颠簸得厉害，但人们都认为这是正常的。只有菲力·史东二世打破传统，给农耕机的铁轮子装上了橡胶轮胎。可想而知，这一变化给他的公司带来了深刻的影响。

二、进行创造性思维的训练

针对创造性思维的这些障碍，应该从以下几个方面进行创造性思维的训练：

1. 善于积累，扩大知识面

在日常生活中，要培养自己细心观察的习惯，积极实践来丰富经验。常听到有人说，会玩的孩子才是会读书的孩子。确实，从某种意义上说，小时候喜欢玩玩具的孩子，长大以后思路就比较开阔活跃，遇到问题想出的主意、办法也多，富有独创精神。因此，人在学习实践中应该不断学习专业基础知识，同时要打破专业知识的狭隘框架，使不同学科的知识相互渗透，这是提高创造性思维的必要条件。

2. 培养独立思考的能力

在学习中，要做到不唯上、不唯书，只唯实。巴甫洛夫曾经说过，怀疑是探索的动力，创新的前提。这就是强调要培养创新精神就要独立思考，不能一味只相信书本。所谓创新精神，所创造的内容就是也应该是独创的、有个性的。从创造过程的角度看，创造活动是单独进行的，因此在平时生活中要训练自己的思维的灵活性，要养成不断改进创新的态度。要善于给自己创设问题情境，调动思维的积极性，使自己能够生动、活泼、主动地学习知识，发展能力。我们的创造性思维正是在实践中通过不断的、经常性的独立处理问题逐渐发展起来的。

3. 培养想象能力

放飞自己的想象，让自己的思维自由畅想。人们常常能在胡思乱想、做白日梦中受到启迪，因为正是这些"走神"让他们冒出一些很新颖的念头，甚至找出解决问题的关键。漫无边际地想来想去也是一种思考，它实质上往往是潜意识在发挥作用，把人引向正在寻求的答案。这也是为什么灵感会光顾那些头发蓬乱、找不到自己需要的文件、思维过程杂乱无章的人的一种很好的解释。

在日常生活中还要多观察、多思考，思维才能多收获。还要善于利用各种生活中的原型来后发自己，打开自己的思路，这是提高创造性思维能力的一条有效途径。鲁班因为被茅草割伤了手，而受到启发发明了锯。这里除了原型的后发作用外，更主要的是他本人所具有的卓越的联想和想象力。

三、运用创造性思维的准则

1. 得到答案之前，积极收集相关材料

在开始思考一种新的解决办法、一条新的理论的时候，要尽可

能抛开头脑中预先存在的想法，尽可能收集所有相关资料。因为那些预先存在的想法会阻碍我们发现重要的事实及其相互关系。没有这些资料，人就无法用智力的火花来点燃自己的思维过程。

2. 对资料进行分类归纳

在归类时，可以根据问题的特点、性质，发明适宜的新的分类方法，提出自己的分类标准和方法。这样做有助于我们更好地发现资料之间的联系，对资料进行归纳。正是通过对资料的归纳，才能不断提出新的观点或解决办法。

3. 启动大脑对资料进行了解

只有一个人理解了的东西，才能说对它真正有所了解。当一个人能用自己的言语对事物做出合理的解释时，才算理解了该事物。当一个人努力对一个情境或一个问题进行探索，并试图做出解释时，才真正启动了大脑的思考过程。

4. 寻找多种答案

传统应试教育的一个很大弊端，就是从小到大，学生被灌输以问题只有一个标准答案的思想观念。但是在现实生活中，问题的答案可能是多种多样的，甚至标准答案背后的第二种、第三种答案才是最佳选择。因此，在思考问题时，当发现眼前有一种解决办法时，必须要拒绝这种办法，把这种常规办法放在一边，积极思考是否有其他办法。必要时，对现有的解释提出疑问，因为有时候合乎常规的想法常常是错误的。

5. 突破思维定势

当一个人发现自己很难走出习惯性思维的圈子时，可以试着把思考的问题暂时搁起来。过一段时间再重新拿起这个问题进行思考，就会使习惯思路的强度有所减弱。就如同写作文，如果是一个努力改进创新的学生，一个星期前写的作文与一个星期后写的作文的思路必定有所不同。另外，要善于与人进行思想交流，不管是老师、同学还是家长，还是阅读相关的书籍，有针对性地相互探讨学习能使人受到启发。我们还可以从不同的学科得到启发，以便开发更多的思考角度，开阔自己的思维。

第四节　集中注意力

俄国教育家乌申斯基曾说过："注意就是那扇门，一切由外部世界进入人的灵魂的东西都通过这扇门……注意力是指人的心理活动指向和集中于某种事物的能力。"

注意是青少年认识的开始，只有注意才能观察得更深入，才能发现新的问题；只有注意，才能提高记忆力。注意力不集中，养成"视而不见、听而不闻"的毛病，就不能更好地认识事物。经观察发现，注意力稳定、持续的孩子，掌握知识的速度要快一些，而且记得非常牢固。比较而言，智力水平较高的孩子或超常儿童的注意力往往都很强。

注意主要有两种，一种是无意注意，一种是有意注意。无意注意指的是事前无明确目的，也无需意志努力，自然而然产生的注意。
3－6岁的孩子，无意注意占优势地位。例如，孩子对新奇而有趣的
事物都会注意去看、注意去听，只要他感兴趣，就会较长时间地进
行这项活动。有意注意是有目的的、需要意志控制的注意，在有意
注意时，人的大脑会处于一种紧张状态，时间长了会感到疲劳。因
而，对年幼的孩子来说，不加以指引和训练，不提出必须遵守的行
为规范和必须完成的任务，无意注意是很难转变成有意注意的。

一、注意力是影响学习能力的主要因素

无论是科学家、军事家，还是政治家、思想家，很多成功的人，
他们在一生中能够成就一番事业，其中都有一个重要的原因：善于
集中自己的注意力，善于专心致志地做一件事情，善于专心致志地
进行每一刻的研究、学习。学习是一项需要意志力的活动。因此，
注意力对学习成绩的提高有着特别重要的作用。我们应学会自我控
制，训练自己专注思考、精力集中，学习成绩就会明显提高。

1. 注意力决定学习效率和学习效果

学习优秀的同学，往往是注意力高度集中的同学。在学习中，
注意力往往决定学习效率和学习效果。

所谓注意，意味着人们主观意识中一种觉醒的状态。一般情况
下，学习的环境是无法同外界隔绝的，虽然与大众生活环境相比，
受到的影响因素少了很多，但仍不可避免地会出现许多干扰集中精
力学习，分散注意力的信息和事物。同时，周围的现实世界中充满

了各种各样的信息刺激，处在成长时期的青少年很难不受其刺激，这样就容易在学习中造成精力分散，神志游离，无法保持注意力的高度集中。这种状态下的学习效率会很低，学习成绩也会受到影响。

注意力集中的同学，却能在任何环境中保持意识的觉醒状态，这种状态会刺激他们对所学知识兴趣程度的增加，忽略其间一些无意义或与学习无关的信息刺激，把精力集中在学习上。这样的学生，学习效率就会很高，学习成绩必然很好。

2. 注意力主导知识的掌握与成绩的提高

通常，处在清醒状态中的人，对需要关注的信息会主动感知。注意的心理特征就是有方向性地选择信息，合乎注意方向的信息与事物会容易引起注意力集中，这对学习中牢固地掌握知识，运用所学提升成绩是有极大益处的。

一般来讲，只有兴趣度超过我们正在知觉的信息时，才有可能使自己放弃原先关注的信息，转而关注新出现的信息。很多同学老感觉到自己上课时走神，学习中思想"跑题"、"开小差"，虽然这对学习知识提高成绩有影响，但其实也很正常。我们不能长久地只对一种信息集中注意力，现实生活各种因素的影响，只有平时重视自我控制的训练，有意识地培养自己的注意力，才能集中心思减少学习的干扰，这对巩固自己所学知识大有帮助。而且照此坚持下去，会发现自己的学习成绩不知不觉提高了。

不管怎样，对学习集中注意力，会增强学习的兴趣，会巩固对所学的记忆，会显著提高学习效率，增强学习效果。因此，平时自觉培养自己的注意力，会对学习与未来的发展起到很大的促进作用。

二、判断注意力是否集中

一个孩子正坐着津津有味地吃东西。突然，电视里开始播放他喜欢看的动画片。看，他马上两眼放光，直盯着卡通人物看。他的身体向前倾斜，头部微微上扬，嘴巴似动非动，整个人呈僵硬状态。等动画片结束，他才活动手脚，连自己怀里还有吃的东西都忘了，结果一站起身，怀里的东西撒了一地。

从上面这个案例中，我们看出了什么？就是当一个人把注意力集中在某个对象上时，常常伴随着一些生理特征的变化。那么，我们如果在平时注意观察，就能根据一些特征来判断一个人是否注意力集中。以下就是注意力集中时最显著的外部表现。

1. 举目凝视、侧耳倾听、呆视远方

这是三种典型的集中注意力时的表现。不知道你有没有发现，课堂上当一个同学的注意力集中在老师身上时，他的眼睛就会盯着老师的眼睛，眼波随着老师的移动而移动；当我们听收音机的时候，就会无意识地把耳朵转向收音机的方向；而当我们思考一个问题的时候，眼睛往往是"呆视"的，好像看着远方。这些都是聚精会神的表现。

2. 屏息

当我们注意力高度集中时，呼吸会变得轻微而缓慢，吸气更加短促，呼气更加绵长。在紧张注意的时候，还会出现呼吸暂时停止

的情况，就是"屏息"现象。打过气枪的人都知道，当集中注意瞄准目标的时候，通常就会不自觉地屏住呼吸。

3. 静止状态

当一个人正在注意某一事物的时候，他的外部动作通常处于静止状态。就如我们前面看到的案例里面，那个孩子在看动画片时出了神，坐在那里一动不动，连吃东西都忘了。再比如，我们在思考一个问题的时候，陷入沉思，也往往纹丝不动。这也是为什么上课时，认真听讲的学生除了必要时动手做笔记外，其他时间里，动作都是不多的。

在高度集中注意力的过程中，还会伴随其他生理现象的存在，如心跳加快、牙关紧咬、拳头紧握等。比如在看激烈的足球比赛，或者其他激烈的运动比赛的时候，许多观众就常常出现这种状态。

三、集中注意力的方法

1. 制订学习计划

在开始学习时，我们要提出具体明确的学习任务，同时限制自己完成这一具体学习任务的时间，形成一定的学习压力。有了一定的学习紧迫感，我们就能相对更好地集中注意力，也有利于维持注意的稳定性。

2. 固定学习时间及场所

在平时的学习生活中，要尽量把自己的学习时间安排在某一特定的时刻。一养成这样的习惯，到了那个时间，一坐下来就能很容易地让自己进入学习状态。同时，学习的场所也要相对固定，不能到处"打游击"。如果每天换一个场所学习，接触相对陌生的场景，学习的注意力就会有所转移。而在固定的场所学习，就比较容易静心学习。一坐到自己的书桌旁，就很容易和学习的意识联系在一起。

3. 适时收心

学期开学的时候，同学们受假期各种活动的影响，往往不能很好地进入学习状态。但是学期的课程已经开始，这样的学习状态当然是不能适应学习的。因此，在学期开始，我们就要自觉收心，不再回味假期中有趣的事情。另外，上课铃声一响，我们就要停止课间活动，也不要再去想上一节课自己没有解决的问题，而是集中注意力听好这节课的内容。

4. 学习环境要单纯

单纯的学习环境，就是在学习时，把无关的图书杂志放在视线之外，各类学习用书、文具放在固定的地方，让自己随手可以拿到，以免因为寻找而中断学习。这就好像烧锅炉，锅炉冷却之后再加热就很麻烦，还要浪费时间和精力。另外，学习环境也非常重要，应尽可能满足如下条件：空气清新、光线充足、安静舒适，没有使你分心的干扰源。学习时不宜谈话。有的同学认为边听音乐边学习的效果好，实际上这种做法对学习多少会有些妨碍。

5. 多种感官参与学习

多种感官参与学习，有助于维持注意力的稳定性。没有这种习惯的同学，学习的时候就要提醒自己手脑并用。如在听课时，要求自己边听，边想，边记笔记，这样上课就不容易走神；在阅读时，也要一边看，一边默读，一边做记号、写笔记，也有助于思想专一，可以比较容易专心地看书，深入地理解文章。

6. 态度积极，意志坚强

对自己的活动对象持积极态度，是注意力高度集中的重要因素。我们都有这样的体验，如果别人要你做自己不感兴趣的事，心里就不舒服，做事情绪就不高。这种感受就是心理上的不适应感。同样，学习也是如此。所以，当我们面对某门自己不感兴趣的学科时，也必须采取积极的态度，有了这样的心理作铺垫，无形之中学习的注意力就会高度集中。

在学习过程中，内外部的干扰是随时可能发生的，有时还是不能避免的。这时，我们就要用坚强的意志来抵抗注意力的分散。当集中注意力出现困难时，要不失时机地告诉自己，一定要坚持，坚持到底就是胜利。这样，日复一日，在反复的考验中，如果我们总能经受住考验，养成良好的学习习惯，注意力自然就会高度集中。

7. 找到注意的"点"

德国哲学家康德每次坐在书房中沉思的时候，总是将目光定点在远处风车竿的尖顶上，一边专心注视，一边思考问题。听起来似乎很玄，其实道理很简单。当我们注视某一点时，视野就变得狭小了，意识的范围也就相对变得狭窄，人的心境就会变得宁静，我们的注意力也就能集中起来。在学习生活中，我们也可以效仿此法，选择一个点作为对象，如教室墙壁上的一个小黑点等等，帮助我们集中注意力。

8. 运用"起伏"规律

人在长时间注意某一事物时，往往很难保持良好的注意状态。我们的注意力有时较强，有时较弱，这就是注意的"起伏"现象。注意的起伏现象当然不利于学习，但是我们可以加以利用，合理地分配注意。在课堂上，当老师讲解重难点的时候，我们就要集中注意力去听讲；当讲解一些比较简单，自己比较清楚的知识的时候，就可以适当放松。这样，听课就不会出现盲目现象，既提高效率，又不会让自己太疲劳。

9. 适当休息

在经过较长一段时间的学习后，要注意适当休息，路放松一下再继续学习。这样，有利子集中注意力。因为人一旦疲倦，就难以集中自己的注意力。这种学习中间的休息，最好是在学习内容告一段落后进行，并做好记号，以便自己记住学习内容的连接所在。

四、注意力的分配和转移

我们常常听说"一心二用"不可为，那么到底有没有"一心二用"这样的事呢？答案是肯定的。比如，一边看着电脑屏幕，一边迅速敲打键齿，就是一种"一心二用"。其实，这里的"一心二用"说的就是注意的分配。注意的分配是指一个人在同一时间能够注意两种或两种以上的事物，或者从事两个或两个以上不同的活动。比如，我们的老师一边讲课，一边写板书；我们一边听课，一边记笔记。

注意的分配和集中是相互对立又统一的。注意力要集中，就要做到一心不二用，但是要使注意分配，一心又必须要二用，这两者似乎是不相容的。事实上，在一定的条件下，两者是可以统一的，这需要我们掌握一定的技巧。

1. 注意力可以分配的条件

在同时进行的多项活动中，只有一项活动是生疏的，这样我们就可以把注意力较多地集中在生疏的活动上。而对于其他活动，我们的熟练程度几乎已经达到"自动化程度"，自然就不需要高度注意。比如我们一边走路，一边观察周围的事物。在这一串活动中，走路是不假思索的动作，而欣赏周围的风景成为主要注意的对象，占用了我们大部分的注意力。如果是一个刚刚学步的小孩，要是他把注意的重心放在观察周边事物上，那他就可能摔跤。他只有把注意力集中在自己走的步子上，才能保持平衡，不致跌倒。

同时从事的各种活动之间互有联系。课堂上，学生是最忙碌的，听讲，记笔记，分析理解，观察实物教材，这些活动能同时进行，就是因为教学内容在中间的联系作用。歌手一边听乐器的节奏，一边唱歌，一边跳舞，是因为它们之间也有一定的联系。

以上的两个注意分配的条件让我们认识到，学习需要注意分配。因此，当我们在利用注意的分配，提高学习效率时，应该通过各种练习，使各种学习达到自动化的水平。只有不断地把一些学习活动熟练化，我们才能腾出注意力进行一些生疏的学习活动。同时，我们还必须把一些同时进行的学习活动有机联系超来，使注意力的分配更加适当。另外，在学习时，不能参与和学习无关的活动，否则，不仅不能有效地进行学习，还分散了自己的注意力，影响了学习。

我们说，一个人的注意从暂时不需要的活动转移到需要的活动上，就是注意的转移。比如一个人正在读一本小说，这时需要他去思考一个很重要的问题，便要马上抛开小说，这就是注意的转移，同时也反映了这个人的注意主动性。

在课堂上，学生每天都要接触至少五六门不同的课程，而且每节课之间都安排了短暂的休息时间让我们放松活动。在上后一节课程的时候，我们必须把前一节课的知识点、疑难问题，连同课间休息时完成、未完成的活动都放在一边，而把注意力集中在课堂上。但是并非所有的同学都能很好地迅速转移注意力。常常老师已经开始上课，有些同学的思绪还不知道在哪里，结果老师一提问，就一问三不知，甚至有时连问题都不清楚，回答就更是牛头不对马嘴，闹出很多笑话。

2. 影响注意转移的有关因素

那么，怎样才能使我们的注意力跟着我们的学习对象走，从一个学习对象上及时迅速地转移到另一个学习对象上呢？这就要求我们对影响注意转移的有关因素进行了解。

（1）注意的转移和原来的注意程度有关

原来的活动、对象引起的注意力越紧张，转移就越困难。像我们前面提到的例子，如果那个人阅读的小说故事情节跌宕起伏、妙趣横生，他被深深地吸引，那么，注意就不容易很好地转移。即使叫他思考问题，脑子里还是久久散不去小说人物的影子。如果那个人是没事做，才翻一本无聊小说打发时间，这时如果你给他一个问题，他就会马上投入思考。

（2）注意的转移和新活动、新对象的性质有关

如果新活动、新对象要求的注意紧张度高，或者新活动、新对象本身引起我们的需要和兴趣，那么注意的转移就相对容易得多。还是上面的例子，如果那个需要思考的问题很有趣，那个人对它产生了浓厚的兴趣，那么他的注意力就能很快转移。根据这一条，我们在课间短暂休息的时候，尽量不要开展非常有趣的活动，如看小说、下棋等，这样会不利于下一堂上课时注意的转移。

（3）注意的转移和当事人的自身因素有关

因为注意的转移是一种心理活动，它也是因人而异的。同样的客观条件，不同的人注意的转移效果却不一样。这和我们本身的心理素质有关，和我们受过的教育、训练有关，也和我们对新活动、新对象的态度等等有关。因此，我们学习、工作时，要增强动机意识，认识活动的目的，明确活动的任务，减少活动的盲目性。只有这样，在各种各样的学习、生活活动中，我们才能有效转移自己的注意力，才能适应新的活动的需要。

培养阅读能力的N个法则

N个法则

PEI YANG YUEDUNENGLIDE N GEFAZE

下

张金洪◎编著

中国出版集团

现代出版社

图书在版编目(CIP)数据

培养阅读能力的 N 个法则(下) / 张金洪编著. —北京：现代
出版社，2014.1

ISBN 978-7-5143-2161-6

Ⅰ.①培…　Ⅱ.①张…　Ⅲ.①读书方法 - 青年读物
②读书方法 - 少年读物　Ⅳ.①G792 - 49

中国版本图书馆 CIP 数据核字(2014)第 008747 号

作　　者	张金洪
责任编辑	王敬一
出版发行	现代出版社
通讯地址	北京市安定门外安华里 504 号
邮政编码	100011
电　　话	010 - 64267325 64245264(传真)
网　　址	www.1980xd.com
电子邮箱	xiandai@ cnpitc. com. cn
印　　刷	唐山富达印务有限公司
开　　本	710mm × 1000mm　1/16
印　　张	16
版　　次	2014 年 1 月第 1 版　2023 年 5 月第 3 次印刷
书　　号	ISBN 978-7-5143-2161-6
定　　价	76.00 元(上下册)

目　录

第四章　培养综合能力(下)

第五章　掌握阅读方法

第六章　文体不同，阅读方法不同

第七章　学会使用工具书

第八章　帮助青少年克服阅读障碍

第四章 培养综合能力（下）

第五节 培养观察能力

观察能力，是指善于通过观察活动，全面、迅速、深入、精确地认识事物的特点的能力。达尔文曾说："我既没有突出的理解力，也没有过人的机智，只是在观察那些稍纵即逝的事物并对其进行精细的观察的能力上，我在众人之上。"正是因为善于观察，达尔文能见常人所不见的事物，后来创立了具有划时代意义的生物进化论，成为伟大的生物学家。

在日常生活中，如果仔细观察，我们就能发现很多有趣的现象，学到很多有趣的知识。秋天来临，落叶纷纷落下，你是否发现落在地上的叶子总是背面朝天？带着疑感拿起一片叶子，仔细观察叶子的两面，看两边的叶脉结构，你就能解开其中的奥秘。

一、观察能力是开启智力的钥匙

现代科学证明，人的大脑所获得的信息，80% - 90. 9%是通过视觉、听觉而接收的。可见，一个人要想开发自己的智力，就要睁大眼睛去观察，让外界信息源源不断地进入自己的大脑。观察能力可说是智力活动的门窗，是开启青少年智力的钥匙。通过对客观事物的仔细观察，来补充书本上缺少的知识。

相传，我国北宋时期著名的皇帝画家宋徽宗就有这么一个故事。一次，宋徽宗看到一幅孔雀飞落图连声说："画错了，画错了。"面对惊愕的众人，他解释道："孔雀飞落，左脚先着地，可是这幅画把它画成右脚先着地，这不是错了吗？"众人听后，恍然大悟，都佩服他观察入微。

观察能力还是智力活动的发端和源泉。心理学研究证明：在缺少日常刺激的情况下，感觉弱，起作用少的儿童，在理智方面就会相对欠缺，并且注意力涣散，易受外界暗示干扰，缺乏学习能力。事实上，如果一个人对周边事物视而不见，他的精神世界就会有所欠缺。如果一个人的亲身观察有限，他的知识相当于"浮光掠影"，只停留在表面，他的智力活动也就像无源之水，显得苍白无力。

观察能力是通向成功的桥梁，是一个学者不可或缺的能力。莫泊桑年轻时，有一次去拜访已经成名的福楼拜，表示自己想写一本书，并给他讲了其中的几个故事。福楼拜听后，不主张他马上动笔写这些故事，而是希望他进行这样的训练：骑马出去到市场上跑一圈，然后把自己看到的事物记录下来。通过这样的观察练笔，莫泊桑最终成为著名的短篇小说家。画家达·芬奇的故事则是画蛋，通过对每一个蛋的细微观察，从中发现在不同场所、不同时刻不同蛋之间的差异，从而很好地把握了绘画技巧，成为一代大师。

现代化学方程式的创始人柏济利阿斯，曾经在自己的学生中作过一个实验。他发现自己的学生缺少科学家必须要具备的观察力。为了训练学生的观察能力，在一次课堂上，他从实验台上拿起一个瓶子，把煤油、沥青、白糖三冲溶液混合在一起，然后伸进一根手指蘸了蘸，再把手指放到嘴里，品尝溶液的味道，然后做出令人回味的微笑的表情，好像很好吃的样子。学生们都按照老师的样子做，结果做出的却是愁眉苦脸的表情，因为这溶液的味道实在是太难吃了。这时，柏济利阿斯哈哈大笑，说："你们都上当了，你们中间没有一个人善于观察。"然后，他把自己的手指伸给不服气的学生看。原来他并没有真正品尝溶液，他伸进瓶子的是中指，放进嘴里的却是食指。学生们的错误就是观察不细微、不精确造成的。这次实验是给他们的一次教训，同时也告诉我们：要想学有所成，就要善于观察。

观察是认识现象，获得知识的开始，是培养能力必不可少的活动。在我们的学习生活中，观察对学习成绩也有着不可忽视的影响力。因此，我们要下工夫培养和锻炼自己的观察能力，养成良好的观察习惯。

二、观察活动的注意事项

1. 观察要有仔细认真的态度

观察是复杂细致的工作，观察不仅要有计划，而且在观察过程中一定要保持认真的态度。如果观察粗略、笼统，不能在观察的细致性和深刻性上下工夫，在观察事物时，对观察的对象就只能看个大概，对现象中的细微之处和关键之处就不能有所发现，有所感悟。或者在观察时被刺激性强的现象吸引而忽略了刺激性较弱的现象，出现"熟视无睹"的情况。在认真观察事物细节的同时，还要注意观察事物的整体，避免"一叶障目，不见泰山"。

2. 观察要有条理

观察活动必须全面细致，有条不紊。不仅观察对象本身各部分、各属性之间有一定的内在联系，而且它同周边事物也存在着一定关系。我们在观察事物的时候就要抓住事物的特性，有顺序有步骤地进行观察。因此，不管是长期的观察还是短期的观察，都要遵循一定的顺序和步骤。从事物出现的时间顺序出发，观察可以由先到后；从事物所在的空间出发，观察可以由远到近，或者从近到远；从事物的本身结构出发，观察可以从上到下，从左到右，由内到外，由外到内，从整体到局部，从局部到整体等等。

3. 观察要有高度的理解力

我们若具有一定高度的理解能力，就能及时通过观察现象把握观察对象的本质，从而提高观察事物的迅速性、完整性、真实性和深刻性。通过比较分析，找出事物之间的相同点和不同点，并按照一定的特点把它们分别归类，我们可以更好地了解事物的基本特点，把握事物的各种特性，从而分清事物的主次，发现其内在联系。如观察人和动物的区别，就不能只看形态。如果把人定义为身上没有毛的，能两腿直立行走的动物，就要贻笑大方了。

4. 要有敏锐的洞察力

观察的敏锐性，是指在观察过程中，发现一般人不易发现或容易忽视的细节东西。科学家、发明家之所以能取得成功，在很大程度上也是得益于敏锐的观察能力。我们熟悉的万有引力的发现就是一个很好的例子。普普通通的苹果落地，在常人看来是再正常不过的事，牛顿却能敏锐地观察到这一自然现象，并由此推导，进而发现了万有引力定律。

观察的敏锐性往往与一个人的兴趣紧密联系。兴趣不同的人即使在面对同一事物时，观察的结果也不相同。如同在一座小岛上，植物学家会敏锐地注意观察各种不同的花草植被，动物学家则会关注当地的飞禽走兽，社会学家则会对当地的民风习俗感兴趣。此外，观察的敏锐性还与一个人固有的知识经验密切相关。一个知识渊博、经验丰富的人，就要比知识狭隘、经验缺乏的人更能在形形色色、错综复杂的事物中得到知识信息。

三、提高观察能力的技巧

有些人可能比其他人有着更好的观察能力，不过观察能力绝不是天生的，生活中可以采用一些技巧来加强自己的观察能力。这些技巧包括：

1. 确立一个明确的目标

观察不是随随便便、漫无目的的活动，在观察事物之前应该有明确的目的。当人在进行感知活动时，如果没有明确的目的，"逮着什么是什么"，那只能算是一般的感知活动，不能称之为观察。其活动既凌乱又盲目，难以做到全面、深刻、准确，结果往往似是而非。

科学的观察步骤需要确立一个明确的目标，人在从事观察活动时要注意确立具体的观察目标。一个明确的目标是成功观察的开始，它关系到观察的敏锐性和能否在观察中集中注意力。

　　大千世界，人不可能对任何事物都进行观察研究，只有对众多事物进行选择，才能有效地发现事物本质。如果"胡子眉毛一把抓"就会"捡了芝麻，丢了西瓜"，如此循环，最后收获不大，甚至一无所成。比如写作文，如果一个人要写一篇人物肖像描写，那么他就要注意观察描写对象的身形体貌；如果要描写一个人的性格特征，那就要多注意所描写之人的言行举止，而不能把眼睛死盯在人的五官比例上，那样即使你发现此人凸眼塌鼻，对你的文章也没有多大用处。

2. 要有一个周详的观察计划方案

　　一个周密的计划方案，是观察有系统、有步骤地进行的有力保证。在观察活动中，即使有了一个明确的目标，如果没有可实施的计划，观察活动也会无从着手，一筹莫展，结果是收获不大。因此，在明确观察目的后，就要着手制订观察计划，它包括的内容至少要有：观察对象、观察要求、观察步骤和观察方法。先观察什么，后观察什么，都用什么方法进行观察，都要有计划地妥善安排。这样面对事物时才能稳而不乱，系统地进行观察。

　　当然，针对不同性质的观察活动，计划可以详细，也可以稍微简略；可以采用书面方式记录在案，也可以保留在头脑中。关键是要养成制订计划的习惯，对自己观察活动的内容、步骤了然于胸。一般来说，长期的、系统的观察活动，应该有一个比较详细的、书面的计划方案；而短期的、零散的观察活动，只要在脑海里有个粗略大致的计划就可以了。还要注意的是，在开始学习观察的时候，要掌握观察的技巧方法，应该有一个周详的计划，才能在观察中从容不迫，不至于"不知从何入手"。

3. 既要全面又要有重点

观察事物要从不同角度，多方面地进行，才能观察到各方面之间的联系，从而对观察对象有一个整体的认识。在整体认识的基础上，观察还要有所侧重。对一个群体，一个类型的事物，如果对其中每一个事物都进行细致的观察，那显然是不切实际的。即使在面对一个事物时，每一次观察也不太可能对所有方面作面面俱到的观察分析。因为受人本身体力、脑力的制约，每一次观察的量不宜太多，时间不宜太长。因此，每一次观察，我们都要注意抓好重点。要做到全面又突出重点地观察，就要学会在观察中做到条理清楚，然后按顺序进行。

比如青蛙的解剖实验。生物课上解剖青蛙时，要先观察它的整体特点，然后分别对它的神经系统、消化系统、生殖系统和血液循环系统等进行观察。这样，观察才不会显得杂乱无章，手忙脚乱。

4. 善于运用多种感官

在观察过程中，我们不仅要善于用眼睛看，用耳朵听，还要有效利用嗅觉、味觉和触觉。在观察活动中，人是通过视觉分析系统、听觉分析系统和运动分析系统的协同活动，进行有效观察，从而全面、准确地认识事物或现象的。

比如在物理课上，当研究物体的比重的时候，要对研究的木块、铁块等掂量掂量，同时在运用视觉时利用自己的触觉。只有利用多种感觉器官，才能对事物有一个比较全面的了解，不会出现盲人摸象的笑话。

5. 尊重客观事物

人在观察的时候，要尽可能地排除不良心理因素的干扰，避免被心理定势、情感隔阂、成见偏好等蒙住自己的双眼。应该从事物本身出发，带着公正客观、不偏不倚的态度去观察事物。不能因为偏爱或热衷，对事物的客观性熟视无睹，甚至歪曲事实，从而得到的结果似是而非。在观察事物时，不能受已有的知识或经验影响而想当然。对与预想有出入的事实，不能轻易否定。因为往往正是这些新发现的东西，可能代表着新知识的诞生。对一些新发现，生活中要敢于抛开"众所周知"，及时对它们进行深入的观察研究。

英国一位名叫詹纳的医生，对动物的生活习性很感兴趣。当时，关于杜鹃鸟有一个说法，即杜鹃鸟从不自己做巢，它总是在别的鸟的鸟巢中下蛋，由别的鸟喂养自己的子女，并且为了保证自己的孩子健康长大，还会把养父母的孩子残忍地赶走。詹纳对此表示怀疑，就对杜鹃鸟进行观测。詹纳发现，杜鹃鸟确实在别的鸟巢中下蛋，同时也发现了可怕的真相：当巢主夫妇外出，巢主的幼鸟都睡着的时候，杜鹃幼鸟就开始活动。它利用自己的身体移动，把巢主的幼鸟挪到窝边上，并把它们甩到窝外面去，霸占了它们的位置。这就在事实上证明了杜鹃鸟就是一个不做窝、不孵蛋、不喂养幼鸟，还无情地对待养父母的亲生子女的"鸟中恶棍"。

四、掌握良好的观察方法

在观察活动中，我们还要了解和学会一定的观察方法。观察不是简单看事物，把对事物的认识停留在表面上，而是有目的、有计划地认识事物的本质。要认识事物的本质，就要积极提高自己的观察能力，就要掌握良好的观察方法。

根据不同的划分标准，人们一般的观察活动可以分为自然观察活动与实验观察活动，也可以分为直接观察活动与间接观察活动。自然观察活动，就是利用自然条件，在大自然中实地观察动植物的生活习性和生长规律等。实验观察活动，就是利用实验室，在反复实验操作过程中实际观察某些具体的物理现象、化学现象或生物现象等等。

直接观察活动，是指观察者为了取得可靠的第一手资料，亲自进行观察的观察活动。间接观察活动，是指观察者在别人的观察结果材料的基础上，进行研究、分析、归纳概括，从而得出相应的科学结论的观察活动。

在具体观察实践中，不管是进行什么样的观察活动，都要注意以下几种观察方法的运用。

1. 联系观察法

顾名思义，就是当人们观察某一事物时，可以把与它相类似的事物联系起来一起观察，某一事物内部的某一方面也可以和其他方面联系起来观察。事物之间大多存在着这样那样的联系，在观察中，可以找出普遍联系中的特殊部分，也可以在不同的特殊的部分中去找出事物间的普遍性。

2. 即时观察法

这种方法是指在观察事物的时候尽可能不要错过观察机会，即时进行材料的收集、整理和积累。因为客观事物本身是不断变化发展的。人的认识活动已经受到很多局限，如果不尽量地收集相关材料信息，就会影响到我们全面客观地分析事物、认识事物。

3. 对比观察法

对比观察，是指对类似事物或现象进行有效对比，分析它们之间的相似之处和不同点，从而认识事物或现象的本质。当人们把此事物与彼事物加以比较时，我们就能从中看出它们之间的相同与不同之处，分析它们各自不同的特征，从中找出事物的本质。

4. 层次观察法

任何事物都是由不同的层次、不同的侧面组成。从不同的角度出发，能让我们更好地发现事物内在的联系，通过深入细致的观察，认识到事物的本质。层次观察法包括很多方面，我们可以从总体出发，从阶段出发，也可以从不同的方面出发，然后对这些观察结果进行总结分析，从中得出正确的观察结果。

1963 年，坦桑尼亚一位名叫姆佩姆巴的中学生一次在家准备自制冰淇淋，他在热牛奶中加了糖，然后直接把热牛奶放进冰箱冰冻。在这个过程中，他惊奇地发现一个现象：热牛奶的结冰速度比冷牛奶要快得多。这一重大发现，当时并没有引起周围人们的重视。当姆佩姆巴把这一令人难以置信的发现告诉老师和同学时，甚至被老师和同学当成笑料，因为这与公认的冷却定律是相抵触的。但是，姆佩姆巴是一个不服输的学生，他不顾别人的嘲笑，相信自己的眼睛，坚持观察事实。后来，他求教于一位大学教授，教授作了同样的实验，得出同样的结果，成功地证实了姆佩姆巴的发现。此后，科学界就把这一自然现象以这名学生的名字命名为"姆佩姆巴效应"。

这个故事告诉我们，自然规律并不神秘，它总是隐藏在自然现象之中。如果你有敏锐的观察力、坚定的信念，你也可以有所作为。

第六节　丰富的想象力

想象是人的天性，每个人都有无穷的想象力，它也是一个人非常重要的心理品质。可以说，一个人的想象力是智慧的标志，是心灵能力的外延，是综合能力的翅膀。人的知识是有限的，想象力却是无限的。想象能打破时空界限，上天入地，古往今来，任意驰骋，任意翱翔。因此，想象力的培养对于学生学习能力的提高非常重要。

在学习中，想象力是必不可少的。如果没有想象，课文中描述的人物形象、风景特征就没法理解；在写作文的时候，想象力丰富，作文思路也会开阔，写出来的文章就新颖；数学学习也需要想象力的参与，在很多几何题目的求解中，就要发挥自己的想象力，用空间思维进行解题。美国天文学家黑尔说："我们切莫忘记，最伟大的工程师不是那种被培养成仅仅了解机器和运用公式的人，而应该是这样的人：在掌握机器的同时，开阔视野及发挥最出色的想象力。一个缺乏想象能力的人，无论从事工程技术还是美术、文艺或自然科学，都不会做出创造性成绩来。下面我们就来具体介绍一下培养想象力的方法。

一、大量观察

想象是以自己头脑中的形象为基础进行的。如果孤陋寡闻，头脑中的形象单调且少，其想象自然就狭窄、肤浅，有时甚至完全失真；相反地，头脑里的形象越丰富，那么想象就越开阔，越深刻，越生动逼真。头脑里的形象是哪来的，是通过广泛接触事物积累起来的。因此，在日常生活中，应训练学生尽可能地多感知客观事物，全面、仔细而且深刻地进行观察活动，从而积累大量的真实事物形象。同时，要注意各种知识的积累，没有知识和经验的想象，是没有根据的空想，是主观臆测。一个没有见过五颜六色，脑子里没有各种颜色概念的人，在想象中是不会产生颜色的形象的。

二、大量阅读文艺作品

古人说，读万卷书，行万里路。文学和艺术作品是文学家、艺术家的想象结晶，其中充满了丰富的想象力，它们是想象的学校。因为文艺作品可以提供人们丰富的形象，特别是典型形象，并且在欣赏艺术作品和阅读文学作品时，又要求人们展开想象的翅膀，这样，在运用想象的过程中，无形中就培养了想象力。当然，要培养想象力不能仅仅局限于阅读文艺作品，在平时要广泛阅读其他各种书籍，以吸取渊博的知识。

三、多实践，丰富生活经验

常言道："实践出真知。"这对想象力的培养同样适用。生活经验的多少，直接影响着一个人的想象力的广度和深度。要培养想象力，就应该尽可能广泛地接触、观察和体验生活，并有意识地从中积累经验，为培养想象力创造良好的条件。在平时生活中，可以适当地让学生参加一些社会实践活动，做一些自己喜欢做的游戏，有选择性地看报刊电视，都有助于我们积累经验，提高想象能力。

四、掌握并丰富语言

任何思维都是在以语言为媒介的基础上进行的，想象活动也是在语言描述说明下展开的，有时人们的想象还要借助于语言文字来表达。有些人头脑里有丰富的形象，但是没有丰富的语言，就会让想象停留在直观形象的水平上，难以形成丰审深刻的想象。因此，语言表达能力对提高想象力十分关键。

五、经常练习对比、类似、接近、继起、因果等联想

体育运动员经常把沙袋绑在腿上，练习蹦跳，从而提高弹跳力。同样，学生经常练习对比、类似、接近、继起、因果等联想活动，有助于活跃想象力。比如在看电视时，可以根据上一集的故事情节，想象故事的发展方向，想象故事的结局。同样地，在看小说的时候，也可以有意识地在关键地方停下来，想一想故事将如何发展，主人

公的命运将会如何，然后，再重新拿起，看作者的写作思路。

六、善于运用各种想象

前面我们已经提到，想象分为两种，即再造想象和创造想象。在想象活动中，要培养自己的想象能力，就要把再造想象和创造想象结合起来。再造想象是创造想象的基础，创造想象是再造想象的发展，两者密切相关，不可分割。因此，在学习生活中，多培养学生结合这两种想象的能力，不仅能提高学习效果，而且能让学生的想象力得到突飞猛进的发展。

七、不要束缚自己的想象

看到这里，你也许会想，这个当然了，要提高想象力，怎么会去束缚自己的想象呢？然而，在实际学习生活中，有时候人的思维刚刚启动，思想深处的观念、习惯会不自觉地对想象进行严格的检查，自己就会认为自己的念头太荒唐，结果想象就被扼杀在摇篮里。实际上，许许多多创造发明就是从这些与传统观念不相符的"荒诞"想象中诞生，再经过科学家们不懈努力孕育出来的。

八、科学的幻想

幻想并不是空想，它是人的一种宝贵品质。但是一个人必须把幻想和现实结合起来，并且要积极投入实际行动，才能避免幻想变成永远不能实现的空想。同时，要注意把幻想和良好愿望、崇高理想结合起来，及时纠正不切实际的幻想。那么，什么样的幻想是科学的幻想呢？判断幻想的科学性，要看幻想所依据的基础是否科学。因此，想象要与判断相结合。幻想就像放风筝，飞得高自然好，但它不能离开手中的线。这手中的线就是我们说的科学。实践证明，如果只有判断，思想就会黯淡无光；如果只有想象，思想就会流于空泛。因此，要提高想象力，就要积极结合判断进行幻想。

九、培养好奇心

哲学家柏拉图说："好奇者，知识之门。"可见好奇心的重要作用。好奇心是想象力的动力和起点，许多科学家就是在强烈的好奇心的驱使下有了伟大发现。

达尔文从青少年时期开始，就对自然界的动植物抱有强烈的好奇心。在以后的工作中，他经过多年的艰苦努力，终于有所成就，创立了影响深远的生物进化论。

好奇心能引起人们浓厚的兴趣，产生强烈的求知欲。在这种求知欲的驱使下，人们积极思考，努力探索。如果缺乏好奇心，人们的思想在某种程度上就会陷于停滞，很难有所创建。因此，要重视学生好奇心的培养，这有助于他们思维能力、想象能力的提高。

第七节　加强记忆力

如果智力是一座工厂，那么，记忆力就是积累原材料的仓库。只有记忆这个仓库里储存的东西丰富充足，智力这座工厂才能很好地进行加工。"熟读唐诗三百首,不会做诗也会吟。"说的就是这个理。苏联心理学家曾说过:"假如没有记忆力,我们便会成为转瞬即逝之物。从将来看过去,所看到的便会是一片片死寂而已。而所谓现在,随着它一分一秒地流失,也会一去不复还地消失在过去之中。基于过去所产生的知识和技能都不可能存在,与个人意识汇成一体的心理生活也不可能存在,就连我们在一生中实际上不断地进行的,并且使我们变成了今天这个样子的学习生活也不可能存在。"

对于学生来说,记记的重要性是无论怎么估价也不为过的。而且,学生时代又是人的记忆的黄金阶段。科学研究证明,人在 12 – 13 岁时,机械记忆,即无意识记忆是最为发达的;15 – 16 岁时,逻辑记忆,即理解记忆不断发展起来。65 岁的人比起 25 岁的人,对新的、不熟悉的经验的记忆能力平均要低 35. 7% 。而 80 岁的人的理解能力只比 20 岁的人低 20% 左右。这表明,随着年龄的发展,记忆力的减退要比理解力的减退显著。同时更说明,人的生命前期记记力相对较强,而到了后期,记忆新东西就会渐感吃力。

一、记忆的种类

1. 按照记忆时间的长短

(1) 瞬时记忆

瞬时记忆又称感觉记忆,是人们通过感官获取某些信息后,在神经系统中保留下来的记忆,它具有鲜明的形象性。电影就是利用人的视觉的这种记忆特性,即视觉后像,把本来是分离的、静止的画面呈现在人们的脑海里,形成连续的动作。这种记忆往往是人们难以意识到的，它在脑子里只停留意 1 – 2 秒钟左右。它的内容一旦受到特别注意，就转化为短时记忆，如果没有受到注意，就会很快消失。这也是为什么电影的有些细节我们事后可以记忆犹新、历历在目；有些却如过眼烟云，忘得一干二净。

（2）短时记忆

短时记忆是指在脑海里停留一分钟左右的记忆。这在日常生活中是经常碰到的。比如报务员抄报，一边听"滴滴答答"的电码声音，一边在脑子里翻译成阿拉伯数字或拉丁字母抄写下来，等电报全部抄下来后，电文的内容也忘记了。再如学生上课边听课边记笔记，医师边询问患者的病情边写病历，都是短时记忆。从某种意义上说，这种记忆是好事，否则，一个报务员一天工作下来，脑子里不知道要装多少电码。

（3）长时记记

长时记记是指保持时间相对较长，从十分钟以上至几十年前的记忆。它是指对同一内容的不断反复记忆，从而把记忆的时间延长到一定程度。长时记忆是识记材料通过大脑进行短时记忆，然后再反复记忆把短时记忆升华到长时记忆的。长时记忆具有备用性质，它所记忆的事物就是准备以后用的。

2. 按照记忆的不同内容和不同性质

（1）表象记忆

表象记忆，就是形象记忆，是指以感知过的事物的形象为记忆内容的记忆。它可以是视觉的、听觉的、触觉的、嗅觉的或者味觉的。比如，在考试中，很多学生就经常碰到这样的情况：遇到一道题目，绞尽脑汁力图回忆具体知识内容，慢慢想起这个知识点在哪本书上看到过，甚至是在哪一页，大概所在位置，然后把知识再现出来。

（2）逻辑记忆

逻辑记忆又称词语记忆，是以概念、推理、判断等形式为内容的记忆。这种记忆所记的内容不是事物的具体形象，而是用词语形式标明的客观事物的本质和意义。如数理化的各种公式定律、公理定理等。因此，这种记忆对我们学习文化知识是很重要的。课后一段时间过去，学生对老师讲课的声调、语气、姿势以及板书的样子就会忘记。但是老师所讲的内容可以理解转化成自己的记忆记纪，保留在脑海里。

（3）情绪记忆

情绪记忆是指以体验过的情感或情绪为内容的记忆。它的产生是因为某一情境与某种情绪之间的联系，于是以后一遇到类似的情况，这样的情绪就会相应产生。而且，纯粹的情绪记忆是说不清原因的。如有人天生怕血，一看到血就面色苍白，四肢无力；有人怕蛇，一看到蛇就毛骨悚然，惊恐万状。人们喜欢不同的颜色，不同风格的服饰。这些都是情绪记忆的表现，其原因也是说不清道不明的。

（4）动作记忆

动作记忆是指以做过的运动或动作性行为为内容的记忆，就好比一个人如果学过弹钢琴，后来没有机会再练。成年之后重新练琴，虽然开始会感觉很生疏，但同没有弹过钢琴的人相比，肯定是不一样的。这就是动作记忆的作用力，写字绘画、打球练拳、跳水游泳，诸如此类，都是依靠动作记忆的。

二、记忆的阶段与遗忘

1. 记忆的三个阶段

记忆是一个从"记"到"忆"的复杂的心理过程。整个过程可以分为三个阶段：识记、保持、再现或回忆。识记是指对外部的信息进行识别，并把这些信息输入到大脑里去。保持是指把输入大脑里的信息加以保存，即把识记过的材料储存起来以备后用。再现就是恢复知识经验的过程，是指在需要用这些信息的时候能够回忆起来。

记忆的这三个阶段就好比计算机的操作过程。识记阶段就相当于把信息输入到计算机，保持阶段就是把信息储存在存储器上，再现阶段就是把所需的信息从存储器中调用出来。与计算机不同的是，再现阶段还可以分为遗忘、再认和再现三种情况。

2. 遗忘

遗忘是指随着时间的推移，记忆的内容逐渐淡忘模糊，直到最后，记忆的内容无论接受怎样的暗示也想不起来。遗忘的程度与记忆的时间有关。早在19世纪，心理学家艾滨浩斯就对此进行了深入系统的研究，得出了著名的艾滨浩斯遗忘曲线。其结论是遗忘的发展进程是不均衡的，在识记的最初遗忘很快，遗忘最快的时期是在识记之后一个小时之内，以后逐渐缓慢，相当一段时间以后，几乎不再遗忘，即遗忘的规律是"先快后慢"。再认是指当经历过的事物再度出现时，人的大脑能够确认这是以前记过的东西。一般情况下，再认比再现要简单，能再现的一定能再认，能再认的却不一定能再现。

（1）遗忘的影响因素

遗忘的发展除了受时间的限制以外，还受哪些因素影响呢？首先，是识记材料的性质。一般而言，动作、技能等记忆的遗忘速度相对较慢。有人发现，一项技能，一年之后只遗忘29.7%，而且稍加练习即可恢复。另外，有意义的材料比无意义的材料遗忘起来要慢得多。其次，是学习的程度。如果在一定时间内，学习超过一定的量，大脑难以接受，记忆效果就不会很好。再次，是材料的系统位置关系影响。识记系列材料，总是首尾部分遗忘得较少，而中间部分遗忘得相对较多。如我们对某册书的学习，通常是首尾部分比中间部分遗忘得少。

（2）遗忘的原因

此外，我们还要大概了解一下遗忘的原因。一般认为，遗忘的原因有以下两种：消退说。其基本观点是，记忆的痕迹得不到及时强化而逐渐减弱、衰退直至消失。这种说法虽然没有实验结果的支持，但却是事物发生、发展、衰亡的规律的体现。干扰说。这种说法认为，遗忘是因为记忆痕迹的相互干扰或抑制造成的。这种理论得到了大量的事实证明。这种干扰或抑制又分两种情况，一种是先学习的材料对识记和回忆后学习的材料的干扰作用，另一种是后学习的材料对保持或回忆先学过的材料的干扰作用。

因此，为了巩固记忆，在组织记忆活动时，应该充分考虑到遗忘的规律，影响遗忘的因素和各种干扰作用，使学习活动的效率、学习的质量得到尽可能的提高。

三、记忆力的作用

记忆在学习中具有很大的作用，没有记忆，学习就无法进行。法国一位数学家说："记忆是一切脑力劳动之必需"。法国作家伏尔泰说："人，如果没有记忆，就无法发明创造和联想。"那么记忆力具有什么重要作用呢？

1. 记忆力是学习必不可缺的基本功

每当考试之后，总会听到有同学发出这样不同的议论："真不争气，我怎么也想不起来从前学过的东西了，总是记住前面的忘了后面的。""真幸运，这些题的内容我几乎可以倒背如流。"这两个同学的成绩自然可想而知。

为什么条件差不多的同龄人，只是因为记忆力水平的不同就会出现如此大的反差呢？我们知道，没有记忆，人就无法学习和生活。在学习中所讲的"记住"，就是对已经学习过的知识反复感知、获得印象，并留下痕迹的过程。这样，我们对记忆力突出、考试成绩也突出的事实就不难理解了。

记忆对于学习是非常重要的。学生需要依靠记忆汲取知识、运用知识。没有对学过的知识的记记，或者记忆不牢固、不深刻，就无法积累知识，也很难学到新知识，对提升学习成绩是极为不利的。学生所学的知识都是系统的、有联系的，对前面所学的概念、公式、定理、法则没记住，后面的知识就很难理解和掌握。因此可以这样说，记忆力是学生最重要的基本功。

2. 提高记忆力有益于锻炼意志品质

进入中学学习，课程多、进度快、难度逐渐加大，知识量日益增多，没有良好的记忆力作为基础，是很难取得较好的学习成绩的。按照人类智力发展规律看，任何人的记忆力都不是天生的，记忆力只有通过培养和训练才能产生与提升。这就需要有一个过程。我们只要依照科学的方法，循序渐进有针对性地坚持下去，不仅可以取得学习成绩上满意的结果，还可以锻炼意志品质。

需要指出的是，在培养和提高记忆力的过程中，要注意这样两个问题：一是不要急于求成。在学习过程中，要按照思维发展的本质与规律培养自己的记忆力；二是要勤于动手、勤于动脑，日积月累，功到自然成。

3. 有针对性地培养记忆力对提高成绩大有帮助

由于每个人的自身条件、成长环境不同，个人记忆的快慢、准确度、牢固程度和灵活程度也不相同。实际上，每个人都有自己特有的记忆类型，或是视觉型，或是运动型，或是混合型，等等。这些不同的个性特点，会使不同的人随其记忆的目的任务、对记忆所采取的态度和方法各异。记忆的内容会随着个人观点、思维方式、学习兴趣、生活经验而转移。对同一学习内容的记忆，个人所牢记的广度和深度也往往不同。

根据个人记忆的不同特点，在记忆力训练中，有针对性地选择训练方法，选择进度与难度，选择类型和特长，使之形成"记"与"忆"彼此密切联系的完整的心理过程，这对快速提升自己的学习成绩绝对是有帮助的。

可见，记极力与学习关系密切，意义重大。掌握有助于提高成绩的记忆学习方法，会对每个学生的学习及人生都有特殊的重要作用。

四、培养记忆力的技巧

1. 培养对记忆的兴趣

兴趣在学习生活中地位重要，在记忆活动中同样也很重要。大家都有这样的经验，如果漫不经心，一件事情就算重复好几遍也不一定能记住。相反地，如果对这件事情有意思，充满好奇心，可能一次就记住了。比如，有些人对自己日常生活中的事物过目不忘，比如对有趣的电视情节，无论多么复杂，他们也能记得一清二楚，但对学习过程中应该记忆的，但是自己觉得枯燥无味的东西却没有办法进行完好的记忆。究其原因，就是兴趣在作怪。一般来说，在其他条件相同的情况下，对能够引起兴趣的事物就容易记记，对不能引起兴趣的东西就容易忘记。

2. 明确记忆对象，自觉进行记忆

明确记忆的对象，就是记忆的对象要明确、清晰，而不能对记忆的东西隐隐约约、含糊不清，具体地说，是识记的目的和任务的明确。是否有明确的识记目的和任务，关系到记忆记的效果好坏。如果没有预定的目的和任务，即使多次见过的东西，也不易很好地记忆。只有明确识记的目的和任务，才能很好地集中精力，全神贯注地去识记，从而达到良好的记忆效果。记忆还要有主动性和自觉

性。有长远的记忆目标和意图，有明确的记记对象，还要主动自觉地制订学习和记忆的任务，这样才不会把该记忆的知识一拖再拖，更不会出现考试前"临时抱佛脚"的现象。

3. 在理解的基础上进行记忆

理解是有效记忆的前提和基础，它比不理解对象的意义，单纯机械的记忆效果要显著得多。因为这种理解性的记忆就是通过寻找和建立知识之间的广泛联系，深化对知识的认识，从而达到加深记忆的目的。所以在进行记记工作时，要尽可能地理解知识，通过理解形成广泛的知识联系，把新知识融入已经掌握的知识体系中去消化吸收，使之成为自己知识结构的一个有机组成部分。这就好比在已经耸立牢固的一排篱笆桩中，又加进一根新的木桩。由于新木桩与原有的木桩连在一起，就会很稳固。而如果机械地强制记忆没有被理解的知识，就犹如只有一根孤零零的木桩，很容易被时光消磨，乃至消失。

4. 通过多种渠道进行记忆

听、说、读、写是学习活动的四种基本技巧。同样，在记忆过程中，也要把这四种基本技能利用起来。在课堂记忆中，就可以边听边思边写边记；在课后复习记忆时，也可以边看边读边写边记。这样的记忆形式，比单一的看或听效果要好得多。

5. 记忆的时候集中注意力

人们常说盲人很聪明，记忆力好。其实是因为他们失明看不到了，所以能集中注意力于听觉和触觉以及对听到、接触到的内容的加工整理方面，记忆力就比正常人相对更强。注意力不集中，再聪明的人也不一定能记住很多东西。很多人常抱怨自己记忆力差，很大因素就是没有用心去记。比如，我们每天上下楼梯，不知道走了多少遍，如果不用心，就不一定知道有多少级。而如果用心记忆，很可能走上一遍就能知道一共有多少级。

五、训练正确的适合自己的记忆方法

正确的记忆方法，不仅能提高记极力，防止遗忘，还能训练思维，以思维促进记忆，提高掌握知识的质量。每个人都有自己的特点，在记忆方法上也要根据自己的特点，寻找适合自己的方法。比如，记忆英语单词，有些人习惯边读边记忆，有些人习惯边写边记忆。记忆的方法很多，要找到适合自己的记忆方式，就要在学习中不断摸索。下面是几种常见的记忆方法。

1. 联想记忆

联想记忆就是利用联想，把各种事物联系在一起形成的记忆。适当的联想能极大地提高记忆力。常用的联想记忆法包括类比联想、对立联想、接近联想、因果联想等。

类比联想，是指对一个事物的感知或回忆，引起对在性质上与其相似的事物的回忆。在学习外语过程中，这种方法非常常用。比如记忆单词的意义、用法，我们就可以把近义词、同义词进行集中，然后一起记忆。

对立联想，就是对一个事物的感知回忆，引起对和它具有相反特点的事物的回忆。同样，在学习外语中，这种方法可以用来记忆反义词。

接近联想，就是根据事物之间在空间或时间上的接近点进行联想，进而产生某种新设想的一种思维方式。

因果联想，就是利用事物内部和事物之间的因果联系，进行必要的逻辑推理所进行的记极。比如在地理方面，南部沿海地区纬度较低，海岸线长，因而气候高湿多雨，河流流量大，汛期长，农作物生产以水稻为主。这些现象之间存在着因果关系，只要按照一定的逻辑进行推理，把知识点连成片，就很容易记忆。

2. 首尾记忆

在记忆的实践中，我们常会发现这样一个现象，当我们记忆一定材料的时候，开头部分和末尾部分总是记起来比较容易，也不易忘记，中间部分就相对记得比较费力，很容易忘记。事实上是因为记忆过程中，存在着识记材料相互影响，抑制的现象。具体表现为：先识记的材料对后识记的材料和回忆起到干扰作用；同时，后识记材料对保持和回忆先识记的材料起干扰作用。把这一特点运用到记忆实践中，就形成了首尾记忆法。利用这种方法记忆，能够让我们在同样的时间里，以同样的精力，达到良好的记忆效果。具体方法如下：

把重点和难点放在记忆的开头和结尾记忆。事实上，老师的课堂上课规律就是如此。为了方便同学很好地理解、记忆知识，在上课开始，老师通常会总结上一堂课的主要内容，强化同学的记忆。在上课结束时，又通常会总结这一堂课的主要知识点，以促使其更好地被学生吸收。

适时改变顺序。在记忆过程中，我们还可以把记忆材料的顺序进行改变，从而在不同的时刻，都有不同的开头和结尾。这一方法在记忆单词时就可以运用。记忆若干单词的时候，每记忆一次，就换一个词开始和结束，从而平均使力，让每个单词都能得到最好记忆。

分段时间进行记记。在长时间的记忆活动中，我们可以采取中间休息的方式来割断记忆时间。休息之后又是一个全新的开始。

分段材料进行记忆。在记忆大篇幅的材料时，我们可以对材料进行分批成段的记忆。这样，每一个批次、每一个段落都会有相应的开头和结尾，从而人为地制造了增进记忆的条件。比如，背诵一篇文章，我们在大体了解内容后，就可以早上背一小段，中午背一小段，晚上再背剩下的一小段，这样就能较为轻松地完成任务了。

3. 形象记忆

作为记忆方法的基本点，就是通过形象来记忆事物，因此，有人说一般记忆都起始于形象。实验也证明，直观形象的事物比抽象的事物容易记忆，而且记住之后不易忘记。把这一特点应用到实际记忆中，就形成了形象记忆法。形象记忆法，可以通过形象联想进行。在大脑中，要像电影屏幕一样，一面看文字，听词语，一面在脑海里浮现形象的事物。长期坚持，养成习惯，就能在短时间内把所见所闻的事物形象回忆起来，并把它们印进脑海保存下来。那么在实践中，如何利用形象记忆呢？在这里提供几种方法：

借助实物形象记记。以记忆单词为例，就是要把记忆的词尽量换成具体的事物。比如记"裙子"，马上想到自己最喜欢的一条；比如记"电影"，就想到自己最喜欢的影片。

利用图表构成形象进行记忆。在学习生活中，我们常常会发现，有些内容比较冗长，也比较复杂。因此，在学习中，我们要善于利用图、表、模型等方法，来降低记忆的难度，因为图表是很形象直观的。尤其是学习历史、地理等，要多读地图和表格，对于朝代、事件、方位、地形、气候、河流、山脉等进行分析比较，这样，知识点就比较容易记住。

发挥想象力构成形象进行记忆。比如，我国国土幅员辽阔，各省市自治区多且复杂难记。我们在记忆省市地区形状时就可以充分发挥想象力，对它们各异的形状展开想象，如陕西省的形状就比较像一只蹲立的兔子。

4. 分组归类记忆

分组归类就是指当记忆材料比较多的时候，为了便于记忆，可以将所要记忆的材料进行分组归类，加以组合，形成不同的记忆组块，从而达到提高记忆效率的目的。

比如，我们要记以下这些名词，分别是：电视、大米、尺子、面包、西服、风衣、橡皮、绿豆、裙子、书本、空调、蛋糕、背心、钢笔、冰箱。如果我们记忆的时候按照这些词的字面排列顺序，而没有从中找到规律，就很难记忆。但是如果我们分析这些词，并把这些词分组归类为家电、服装、食物、文具四大类，记忆起来就既省时方便，又准确牢固，不易忘记。

学习一个较长材料的时候，我们还可以在整理归类的基础上，以提纲的形式保持记忆。通过编写提纲，可以使材料在自己的脑海里更有条理地呈现，同时把很长的材料分成不同的组块进行记忆。同时，小标题又可以提示回忆的内容。

此外，分组归类不一定只按一个标准，记忆材料的性质、技能、构造、大小、形状、颜色、时代等等都可以作为归类的标准。因此，在进行分组归类的时候，应该尽量按适合自己记忆的路子，明确怎样进行分类。如果碰到不好确定属于哪类事物的特殊事物，不必勉强给它们定方向。特殊事物就特殊记忆，把这些特殊的事物归纳在一起，其实也是一个记忆群。

5. 试背记忆

人们记忆材料，通常有两种方法：一是从头到尾一遍一遍地记忆，直到把材料全部背下来；二是先熟悉材料，阅读几遍，然后不看材料试着背诵，背不出来或者遗漏的地方再看材料纠正，反复进行，直到把材料背下来。有实验证明，第二种方法的记忆效果比第一种好，其原因是，尝试背诵可以帮助我们在每一次阅读的时候，都能针对自己的不足，有目标地记记材料；同时它让我们及时知道自己的学习效果。并且，在阅读中插入尝试背诵，可以使学习的情景生动活泼，而单调的反复阅读，时间长了容易让人产生厌倦心理。

尝试记忆实际上就是自己考自己，其具体操作方式是多种多样的。比如，在记忆英语单词的时候，我们可以看英文默写单词，也可以看中文默写英语。在生活中，我们可以做一些小纸片，一面写上中文，一面写上英文，随身携带，有时间就可以随时拿出来记忆，看着中文回忆英文，看着英文回忆中文。再比如，在背诵课文的时候，可以一个人默背或者默写，也可以两人组成小组，相互背诵给对方听。在默不下去、背不出来的时候，再看，再记，再背。

6. 串词记忆

当我们在背诵长篇文章时，除了利用分段记忆法，常常还需要利用串词进行辅助记忆。这样，在把文章分成几个部分后，就能很好地把握文章的主旨要点。只要记住词串，文章相应的内容就会被回忆起来。

这种方法的要领是：把文章分成几部分，并使每一部分含有一个最重要的思想内容，即知识要点。做这项工作时，可以参照文章已有的划分法，如文章的自然段；也可以对长的自然段进行人为划分；还可以对简短、相近的段落群进行归纳。

根据每一部分的主要内容，确定一个中心词。中心词数量不能太多也不能太少。太多，词串稍显累赘，也难以记忆；太少，则容易漏到某个重要的思想内容。并且，每个中心词都必须保证能够借以回忆起相应的那个部分的内容，每个中心词都要便于与邻近的中心词串联。

所有中心词都确定之后，要按照文章各部分的先后顺序抄写下来。然后，根据各中心词与其相对应的文章片段的联系，将中心词依次串联起来，并对各中心词相应提出问题，借以揭示各中心词之间的联系。通过复习，熟练记忆这些联系，直到不会忘记为止。

将每个中心词同相应的文章片段和后接的一个中心词有机联系起来，然后对整个词串进行复习，直至把文章完全记熟。

经过这样熟记的文章，就万无一失，可以放心大胆地放在一边了。因为只要还记得那个词串，就能够把文章回忆起来。

7. 讨论记忆

许多学生都有这样的经验：在考试的前几天，几个好朋友聚在一起，吵吵嚷嚷地讨论习题集。当一个人就一个题目讲述自己的解法时，有疑问的同学就会质疑，为什么会是这样的呢？于是，大家七嘴八舌地把自己所思所想的积极地说出来。最后，得出大家都能接受的答案，再去验证答案是否正确。如果错了，大家就再讨论，把错误的地方找出来，并把它纠正过来。

争论记忆符合人脑的活动规律。在进行争论的过程中，人们全神贯注、高度兴奋，建立起来的记忆联系势必强烈而集中。这样一来，一方面全神贯注地听取对方的意见，同时分析对方观点的正误；另一方面积极思考，评论对方的观点，阐述自己的见解。

争论能帮助我们检查记忆的准确性。所谓"智者千虑，必有一失"。因为个人的局限性，我们记忆的知识难免会有一些谬误。通过争论，自己的错误、缺陷很容易暴露出来，从而可以得到及时的纠正弥补。同时，正确的知识也能得到检查和应用，记忆得以深化巩固。一个人很难理解的问题，通过讨论也能比较顺利地解决。在这个过程中，互相启发有时会激发意想不到的灵感，从而使人发现和理解问题的本质。

8. 谐音记忆

谐音记忆就是指根据记忆材料，与另一读音相同或相近事物产生联想，帮助记忆。利用谐音，一些枯燥乏味的材料就变成了生动有趣的事物，构成有趣的图像，使人处在愉快的气氛之中，因此记忆效果也更好。

有这么一个故事。从前，有一位爱喝酒的教书先生，上课时因为打算外出，就给学生布置了一道题目：把圆周率背到小数点后30位，并宣布自己回来后要进行背诵考试。学生们愁眉苦脸地望着"3.1415926535897932384 62 643383279"这一长串数字，但又奈何不了先生，只好摇头晃脑地背诵起来。有几个调皮的学生却满不在乎，揣好题目，就跑到后山玩去了。这时，他们看到先生正与一个和尚在山顶的凉亭里对饮，就吐吐舌头，扮个鬼脸，悄悄地钻进树林玩去了。夕阳西下，先生酒足饭饱归来，见少了几个学生，勃然大怒，马上考试。那些循规蹈矩、死记硬背的学生，背得丢三落四，七颠八倒，先生很是不满。当那几个贪玩的学生回来时，先生大发雷霆，声称如果背不好，要打手心五十板。可是一考，他们却个个背得流利自如。先生很是诧异。怎么用功的没有记住，贪玩的倒背得出来？原来，在玩耍的时候，有个聪明的学生，把要背的内容编成了顺口溜："山巅一寺一壶酒，尔乐苦煞吾，把酒吃，酒杀尔，杀不死，牛儿斗死，扇扇刮，扇尔吃酒。"一边念，一边模仿山顶上喝酒的先生，做饮酒、斗牛、死去、扇耳光的动作。没念几遍，他们个个都把圆周率记住了。

有些谐音只与个人的经历有关，说出来别人不懂；有些谐音只能意会不能言传。采用谐音的唯一目的是记忆，因此，并不一定要追求连贯、一致、准确。只要自己认为有助于记忆，就是可取的。

9. 标注记忆

在读书学习过程中，我们读过很多书，但是读过的知识会随着时间的流逝变得模糊。要想把读过的书记得很清楚，就要相应地下点儿工夫。

一册书，动辄几百页以上的内容，但并不是处处都重要。要达到有效记忆，首先要把你觉得重要的地方找出来。可以用笔，在有趣、有用、有疑问的地方，随手做上不同记号；在空白的地方写上自己的所思所想，也能加深理解，帮助记忆；还可以用红、黄等不同颜色的笔在重要内容上圈点；如果是借用他人的书，就在其他纸片上标明页数、行数，以便翻阅。

把书保持得干干净净曾被看成是一种好习惯。但是，我们还是要先考虑把书"读活"，书是工具，是消费品，如果需要，自己的书尽可以画线、加批注语。大部头的书如有需要，也可拆散，把必要的部分拆下来，以便翻阅。

评论家竹村健一在读完书之后，就把内容提要和自己觉得有趣之处写在书的内封里。需要的时候，只要拿起那本书，记录的东西就能派上用场，成为记忆的"引子"，从而有效帮助记忆。

第五章 掌握阅读方法

苏霍姆林斯基认为，阅读是智力和思维发展的源泉，通过大量的阅读，人们可获得大量的知识，打好智力基础，乃至情感、审美基础。他在《给教师的一百条建议》中说："学生的学习越困难，他的脑力活动中遇到的困难越多，他就越需要多阅读，就像感光力弱的胶卷需要更长的感光时间一样。成绩差的学生，智力也需要更明亮和更长时间的科学知识之光来照耀。不是补习，不是识字一样的督促，而是阅读、阅读、再阅读。"那么，采用什么样的阅读方法，才有助于取得更好的学习效果呢？

第一节 胜任阅读五步走

青少年要想胜任阅读，在阅读中有所收益，必须具有阅读能力。培养自己的阅读能力，包括以下五个方面。

一、看清字形、读准字音

作为记录语言的文字符号，它本身只是形体和声音的单位，所以阅读时首先要能够正确地辨认每个字的形体，读准每个字的读音。

在培养中，可以经常对比形状相近或读音相似的汉字，以提高辨认汉字的能力，如：己已巳，戎戍戊戌，衰褒哀，嗷漱嫩簌等。并且，可以将形近音似字排成表，总结规律，深入掌握。着重解决一字多音多意的问题，注意据词定音，即看这个字构成什么词，来确定它的读音，如：差别、出差、参差，拗断、拗口、拗不过等。这些也可以列表归纳。另外就是注意一些字在具体的语言环境里由于种种原因读音发生的变化，如：变调、轻声、儿化及语气词的变化。

二、理解词语的意思

现代汉语是世界上最发达的语言之一，它词汇丰富、构词方式多样化、词义复杂。汉语词汇中自古至今，意义始终没有变的词是很少的，大多数的词，都在发展的过程中经过展转引申，再加上假借、比喻、意义变得更多更复杂了。这就给人们带来掌握词语意义的困难，所以要着力培养自己理解词语的意思。

1. 学会查字典、词典

它们是阅读的有力助手，利用它们可以帮助解决许多阅读时所遇到的词语上的问题。但汉语的多义词很多，有时单凭查工具书未必能尽如人意。要在众多的解释中，确定哪个最合适，还必须结合这个词的上下文来确定；对于汉语中比较复杂的词义引申、转化、和连工具书也难以辨别的相近词中的细微差别，也只有在具体的语言环境里才能区别。

2. 学会根据字形来探求

多为表意的汉字，人们是可以通过字形，特别是它的偏旁来推敲词义，如："木"和树有关，"艹"和草有关，"氵"和水有关，"忄"和心理活动有关。

3. 学会根据词性变化来探求

即同一个词，在不同的语言环境中，如果词的性质发生变化，意思就不相同了，如："我老早前见过的年老的太爷爷近日老了。"

4. 学会从词义演变的方式来探求

在文章中有的词用的不是本义，它是从本义中引申、比喻、转化来的。人们应该掌握这些变化规律。本义是一个词最基本、最常用的意义；引申义是从词的基本意义直接引申、发展出来的意义；比喻义是从词的基本义的比喻用法所形成的意义；转化义是由原义、故事、成语等转化的意义。阅读时根据这些规律去理解词义，就能提高人们理解词义的能力。

5. 学会对反语和暗示语的探求

文章的作者有时利用意义相对或相反的词之间的矛盾对立关系，构成修辞上的反语，来增强语言表达能力。人们要注意这一特点，根据上下文去正确领会词的含义。同时，也要通过对语言环境的分析正确理解那些不直接说，而是用含蓄、间接的语言给人以启示的暗示语。

除此之外，还要学会掌握谚语、歇后语的特点，正确探求它们的深刻意思，学会从用词的轻重和感情色彩方面进行探求。总之，理解词语意思的根本原则是词不离句，在具体的句子里找确切的意思。

三、理解句子的意思

人们培养自己的阅读能力，不能忽视培养自己正确理解句子的能力。如果把句子理解错了，就会影响对全文的理解。

1. 学会根据词序来推敲句子的意思

汉语的词序是比较固定的，一般规律是主语在谓语之前，动词在宾语之前，状语、定语在中心词之前，补语在中心词之后。根据句子的主干抓句子的主要意思。根据词语的排列顺序去理解句子的内容，就可避免错误。有时为了修辞的原因词序也有倒置的，但词序倒置后，只要各部分这间的关系仍然没有变，意思也就没有变，只是语气强弱不同。

2. 学会理解长句子

人们应该使自己具有分析句子成分或各个分句之间关系的能力。并利用这种能力去理解长句，其关键是把长句中词与词之间的关系或分句与分句之间的关系弄清楚，有时可以借助关联词的帮助来解决。

3. 学会正确理解句子的语气

文章中的每一句话，都有一个语气，不同的语气可以用不同的句式表达出来。相同的意思用不同的语气，可以表达不同的感情和态度。因此，人们可通过对句式和语气的分析来正确地理解句子所表达的思想感情。

4. 学会通过修辞手法理解句子的意义

在理解句子的意思时，有的不能仅从语法与句式的角度来理解，还要通过作者为了造成特殊效果而运用的一些修辞手法。

5. 学会通过写作背景来正确理解句子的意思

有的文章是在一定背景下写的，它的内容和背景有密切关系，要想正确理解这些句子的意思，就要联系背景来考虑。

6. 学会从逻辑角度去理解一句话

语言研究思维的外壳，逻辑研究思维的内在形式，只有从逻辑角度去理解一句话，才能更深刻准确地理解这句话的含义。

四、理解段落的中心意思

掌握一段话的意思，关键在于抓住一段话的主句。主句是说明、代表全段主要意思的句子。其他句子都是从不同角度、不同方面支撑、说明这个主句的，叫做从句。主句是段内的筋骨，从句是段内的血肉，主句和从句在段内互相依靠、相辅相成。阅读时，只要能辨认和抓住段内的主句，就能提起全段，抓住全段的主要意思。主句和从句的辨认要在句与句的关系中去确定，主要方法是：

文章有的段是由一正一反两层意思组成的，它必然有一个是用来作衬托的，另一个是被衬托。两层意思不是平起平坐的，而是一主一从，被衬托的为主，衬托的为从。

文章有的段是由几个并列关系的句子组成的。这种段子也只有一个主要意思，需从互相关联的并列句子中归纳出一个主要意思。

文章有的段落的几个部分之间是总说分说的关系，总说就是全段的主句。这总说不一定在一段的开头，它也可能在段的结尾处或段的中间出现，形成总分式、分总式、总分总式，分总分式四种。

文章有的段是以因果关系的句子组成的，这种段的主句是表示结果的句子，可以为因果式，也可以为果因式。

文章有的段落内句子与句子的关系是层层深入的关系。这种段如果有最后归纳的句子，它就是主句；最后归纳，则须由人们自己归纳它的中心意思。

文章有的段是按照一定的思路顺序组成的，往往找不到主句，就要根据各个句子所围绕的中心，去把握全段的中心意思。文章段中的句子与句子之间的关系是复杂的，有时几种关系在一段中同时出现。但是无论段落中的句子与句子间的关系如何多样、复杂，它只能有一个中心意思，只有我们根据句与句的关系来分析归纳，是完全可以把握段意的。

五、理解全篇文章的内容

任何书籍都是由一篇一篇文章或一章一章、一节一节文章组成的。每一篇（一章、一节）文章都有一个目的，或是为了宣传某一种思想，或是为了表彰某一个人物，或是为了介绍某一件事情，或是为了传播某一项知识，总之，都要显示出鲜明的中心思想或基本意见。每个人们都应该具有理解全文内容的能力，就是通过阅读能够正确归纳出文章的中心意思，说出和掌握文章的基本意思。只有这样，才能由厚到薄，由繁入简。

文章的段与段之间不是随便凑合的，它是通过文章的中心思想连接的，也是围绕中心思想组织的，它们共同为表现中心思想服务。理解全篇文章内容是比较复杂的思维过程，要分两步进行：理清文章脉络，归纳中心思想。

1. 理清文章脉络

文章的脉络是事物矛盾的发生、发展、解决过程或人的思维、认识过程在文章中的具体体现。人们阅读时理清文章的脉络就是摸清文章中所反映的事物的矛盾的具体过程和认识的具体过程。摸清了这些具体过程，就可以理解这些过程所反映的总的思想——中心思想。理清脉络一般可以通过以下几个途径：

（1）根据思维的逻辑顺序来安排层次和段落，是一般文章常用的方法，所以可从段落层次的逻辑关系中去理清文章的脉络。

（2）根据人物活动和事件发展的时间、地点的转换顺序来安排层次和段落，也是文章常用的方法，所以可从文章中时间推移和地点变换的线索中去理清文章的脉络。

（3）客观事物是错综复杂的，作者为了把它说得条理分明，常常采用按事物性质归类的方法来安排文章的段落层次，所以可从文章内容的分类上理清文章的脉络。

以上三个途径都是为理清文章的脉络，掌握文章的线索，在这个过程中，注意线索是围绕什么展开的，那个"什么"就是文章的中心思想。

2. 归纳中心思想

中心思想是文章的灵魂，阅读文章只有正确地把握了中心思想，才算理解了文章的基本意思。把握文章的中心思想一般可用以下几个方法：

（1）寻找文章中直接写出的中心思想。不少文章是把中心思想直接告诉读者的。读者只要根据全文的段落层次所围绕的中心，很快就能找到文中所提示的中心思想。

（2）概括文章的中心思想。有的文章的中心思想，没有在文章中直接写出来，需要人们在阅读中自己分析概括出来。既不能简单地用文章中的个别词句来代替，也不能用原文中某些关键性的语句机械地拼凑起来，更不能用压缩全文的办法，而是要在把握全文内容、掌握整体和部分之间的关系、抓住了本质和主要的东西后，对文章各段的中心问题，有机地进行抽象和概括，然后用自己的语言进行归纳、整理、表达。

（3）挖掘文章中寓含的中心思想。有的文章本身所说的事并不是作者要说的意思，而通过文章中所记的事给人们的启示，才是作者要说的道理。这类文章的中心思想寓含于文章所写内容的深处，需人们运用各种联想手法，从文章的深处挖掘它所真正要表达的中心思想。

一个人，具备了理解词语、句子、段落和全篇的能力后，才可以说是具备了阅读能力，才可以真正地去阅读各种文体的文章或书籍。

第二节　预测阅读法

怎样才能引起青少年的阅读兴趣，使青少年有效地读书呢？有效读书，读书方法至关重要。所谓"预测阅读法"，就是对所学的课文不要忙着看到底，在看过课题和开头之后，闭目静思一下，设想这个题目由自己来写，准备怎样组织篇章结构，准备怎样论述，将自己的设想写下来，然后再拿它与原文对照，看哪些地方不谋而合，哪些地方不同，相比之下，作者的写法有什么好处，或自己的见解有何独特之处。这样既能使青少年印象较深地学到语文知识，又能锻炼青少年的创造力，有益于智力的开发。具体地讲，这种方法有以下四大优势。

一、有助于青少年鉴赏能力的提高

新教材编入的课文中，有一些是培养青少年的文学欣赏能力的。如果一开始就把课文直接读给学生听，这无异于"填鸭式"的教学，青少年被动地欣赏，思维得不到开阔，对课文精辟的论述印象不深。如果采用"预测阅读法"，那么效果就不一样了。

例如，在教《咏柳》一课时，可先让青少年背诵、默写这首诗，然后再让青少年自己试着"赏析"一下。这时我们发现，青少年的赏析大都只限于对诗的字面的理解，其实是对诗的一种现代文翻译，蕴含于诗内的真谛说得很少，或理解得浅显。这时再打开书，看看原文，青少年才知道这诗本身以外的意境：诗并非仅仅咏柳，而是借咏柳来咏春的。

二、有助于培养青少年们的想象力

想象力的培养，是语文课中必不可少的环节。这样不但能开阔青少年的思维，更有利于培养青少年的创造力。青少年对漫画是能够看懂的，但是用描述性的语言，准确、生动地加以说明，就不容易做到了。

《笑的武器》一课是谈华君武的"动物"漫画的，教学时可先让青少年直接看漫画，口述对漫画的说明。青少年往往只注意漫画的表面，而深入不到漫画的内涵；往往只注意漫画的大概内容，而忽视了一些小的细节，更缺乏几个画面之间的联系。带着这些问题，再看《笑的武器》，就会感到《公牛挤奶》是多么滑稽可笑。预测阅读不但可用于图画，也可应用于课文中的片段分析。如《盘古开天辟地》倒数第二段，这个故事说世界上的一切都是盘古的身体变成的，看着黑板，大家一面想着自然界的一切，一面想：盘古的"声音"能变成什么？他的"手足"能变成什么？……最后和课文对照，看谁说得更有道理。

四、有助于青少年逻辑思维的培养

"预测阅读法"能充分发挥青少年的逻辑思维能力，使青少年的想象在与课文的比较中，实现逻辑思维能力的质的飞跃。在议论文单元中，立论部分青少年易掌握，但面对驳论部分好像总是无处着手；对教材中的一些课文，用一般的阅读方法，或许不太容易看出好在哪里。这时，如果让青少年"预测一下"，读起来会有较深的体会，就能领悟作者高明的驳论技法或高度的思想水平。

五、有助于青少年基础知识的巩固和提高

学过的一些基础知识往往是零散的、不具体的，把这些将要遗忘的、零散的、不具体的知识回忆起来，就是巩固；再把这些知识按一定的层次、格式、逻辑规律连贯起来，便是巩固和提高。利用"预测法"可以达到从巩固到提高的目的。

例如《谈笑》一课的写作目的是为了说明祖国的语言是何等的丰富，何等的生动。对于笑，我们并不陌生，用于笑的词语也经常能见到，可是让你说出一百多个关于"笑"的词连缀成篇，并非一件容易的事。其实这里面大部分词语我们都接触过，可是为什么会出现这种情况呢？那就是遗忘。为了达到巩固和提高的目的，在上课前先让青少年写篇"小练笔"，把你所知道的、现在所能想到的关于"笑"的词语集合起来，造个大句子，要求前后连贯，且有一定的思想内容。让两三名青少年在课堂上朗读自己的创作后，再学《谈笑》。看看我们学过的知识遗忘了多少；有哪些关于"笑"的词课本上没有，我们却想到了；在组词成篇的过程中，我们的创作和课文各有什么特色。

教学实践表明，"预测阅读法"的确是后发青少年智力、训练青少年能力的一种好方法。据说，著名科学家华罗庚先生年轻时看书就爱先看看书名，然后闭目静思这个题目到了自己手里应如何写。旅美学者李政道先生看书也爱先看开头和结尾，然后认真思考中间应如何写。他说，只有这样读书，才能消化"别人"，读出"自己"。

第三节　掌握科学高效的阅读方法

阅读可以增强人的智能，主要在于两个方面：一是知识是形成能力的基础，而阅读是获得知识的主要途径；二是阅读过程始终伴随着人的思维活动，通过阅读，可以改善人的思维品质，促使人的思维能力的提高。下面介绍几种阅读方法供大家参考。

一、批注笔记法

批注笔记法就是在阅读时将自己对文本内容的见解、质疑和心得体会等写在书中的空白处。其形式有三种：一是"眉批"，即批在书头上；二是"旁批"，即批在句子或一段话的旁边；三是"尾批"，即批在一段话或整篇文章之后。

批注的内容主要有三个方面：一是注释。读书时遇到不认识的字、不理解的词和不懂的概念，立刻查字典、翻资料将其弄清楚，并且注释在旁边。这样，既能帮助理解，又有助于记忆，同时也为下次阅读扫清了障碍；二是批语。将阅读过程中产生的各种感想、见解、疑问等写在书的空白处；三是警语。对于文本中十分重要或再读时需要注意的地方，标注上"注意"、"重要"等字样，为今后阅读提供帮助。

批注笔记法可以使人的思想高度集中，能够提高阅读效果，能够使人从书中获得更多的感悟，使人的思想水平得以提升，能够提高分析、评价事物的能力，可以培养和提高表达自己思想的能力。

二、符号标记法

用各种符号在书中重要的地方做标记，以便于应用时查阅和再阅读时注意的一种阅读方法。其要点是：在重要的句子下划横线，在重要的段落旁画竖线，将关键性的词或短语圈出来，在有疑惑处画问号，在有感悟的地方画感叹号。

采用这种方法便于应用时查找，有利于对重点内容的记忆，便于利用很少的时间对重点内容的再阅读。

三、强记阅读法

这是一种侧重记忆的阅读方法。其要点是：读完文章后，立即回忆一遍主要内容，力求记住。重复阅读同一文本时，每次间隔的时间应尽可能地长一些。记忆应尽可能准确。如果内容不太多，要尽力一次记住；如果内容较多，可以采取分段记忆法。采用这种阅读，能够迅速地增加知识积累，有利于能力的培养与提高。

四、音乐阅读法

音乐有它特殊的魅力，它对人的大脑活动也有一定影响。一些轻柔的音乐能使人"宁静致远"，使人的其他活动放慢，而让大脑变得敏捷，这种状态对读书是非常有利的。什么样的音乐能让我们的大脑处于最佳的阅读状态呢？专家们认为，如果听音乐时，我们的心跳能保持在每秒 60 次以下，我们的身体生理状况将更健康，思维会更敏捷。

近年来，人们发现巴洛克音乐具有一个神奇的功能，它能让我们处于一种特殊的放松状态，这种放松状态与一般的放松有显著的区别，它能让人在放松的情况下使我们的大脑处于十分机敏的状态，保证精神的高度集中。所谓巴洛克音乐，是指 16 至 18 世纪的音乐家如巴赫、维瓦尔第、泰勒曼、科莱里等创作的音乐。在这些音乐中，它们的协奏曲速度缓慢，每分钟 60 拍，并且通常有一把低音大提琴像人的脉搏一样在跳动。当人们倾听这样的音乐时，人体的节奏就趋向于它们的节奏，人们就进入了我们所说的放松状态。

因此，在阅读过程中，我们可以有选择地放一些音乐，使自己在这种音乐的伴奏下进行阅读，往往能收到意想不到的效果。

五、硬看攻读法

"冰冻三尺，非一日之寒。"同样地，要学习一门知识乃至一门学说，不是一件容易的事，需要我们付出很多艰辛的努力。特别是我们在自学过程中，面对一门全新的学科时，不可能一下子就理解体会书中的知识。这时，我们就要有水滴石穿的精神，"硬看攻读"这本书。

毛泽东曾说过，学习要"攻书"，把书中最难的东西当做敌人的堡垒，坚决攻下来。因为凭借走马观花的态度，是学不到好东西的。鲁迅在给曹白的信中，也写道：学外国文须每日不放下，记生字和文法是不够的，要硬看。比如一本书，拿来硬看，一面翻生字，记文法。到看完，自然不大懂，便放下，再看别的。数月或半年之后，再看前一本，一定比第一次懂得多。

这种"硬看攻读"法，不仅适用于学外语，也适用于学习深奥难懂的知识。每门学科都有其难啃的地方，如果是非"啃"不可的必读书，就要靠我们的毅力，硬着头皮攻下去，直到弄懂为止。

也许你会觉得这种方法实在是很"笨拙"辛苦又劳累，但是往往有所成就的人都是发挥出异于常人的钻研精神，靠不懈的努力攻读，才学有所成的。有学者认为，读书可以是略读、阅读和攻读。一般的书籍，内容浅显易懂的，我们可以略读或阅读一两遍；但是对那些难点、难题、不容易理解的东西，就要攻。

因此，我们在读书的时候，特别是面对不好理解的东西时，千万不可心浮气躁，急功近利，寄希望于有什么一步登天的捷径。最务实、最朴素的读书方法往往是最有效的。

六、五遍读书法

学习离不开读书，优异的学习成绩离不开高效的读书方法。

第一遍：在课前对老师将要讲解的课文粗粗地看一遍，大致了解一下知识内容，不必逐字逐句地理解课文。

第二遍：课后，对老师讲过的内容翻书复习一遍。这一次不同于课前翻阅，要认认真真地看，力求在听过课的基础上把内容吃透，掌握概念定理的推理运用。

第三遍：当课本的一个单元或章节讲完之后，要从头到尾仔仔细细地看一遍，加深对概念定义的理解和掌握。注意不要因为对知识已经有一定的了解而对自己打马虎眼，匆匆而过。这样的结果往往是没有达到预期目的，不清楚的地方还是不清楚。

第四遍：当一本书全部学完后，还要把整本书连起来读一遍。

主要目的是整理各章知识，找到它们之间的相互关系，理出头绪，对全书有一个整体性的了解。

第五遍：在考试前几天，抽时间把书略略地翻一遍，配合笔记本，看看所学内容的重点、难点，以及一些概念性的东西和自己容易忽视的东西。

七、记账读书法

简单地讲，"记账"读书法就是把读过的每一本书都像家庭记账一样，一本本地记下来。这一方法会使喜欢阅读的青少年受益，可以促使青少年勤奋读书，每年年底，青少年翻开小本子，数一数这一年读了几本书，读了多少字，同前年比一比，是读多了还是读少了。如读少了，想想为什么少，来年准备读多少书，读哪些书。这不但总结了上年，还有一个规划来年的意义。记账读书可以给青少年无比的快慰，每当闲暇无聊或心情不快时，翻开小本子看看，心理上就有一种满足感、自豪感。别人是万元户，你却是个"万字户"。数一数，你比别人读的书多，就会满足自己的求知欲，心里自然也得到了满足和平衡。于是告诫自己：还要读书，读书，读书。

第四节　朗读和默读

课文自读方法就学生而言，不仅要掌握朗读和默读的种种方法，而且要能够根据自读的目的和自读的内容选用不同的自读方法。

一、朗读

朗读就是出声的读书，这是眼、口、耳、脑并用的一种读书方法。不仅有利于理解文章蕴含的思想感情，而且有利于培养语言感受能力。

掌握朗读的方法，须经依次递进的三个阶段。

第一阶段是正确清楚的朗读。首先是读准字音，分清平、翘舌音，前、后鼻韵，多音多义字等。其次是口齿清楚，在朗读时不漏字、不添字、不重复、不颠倒、不读破句。

第二阶段是准确流畅的朗读。一是正确处理重音，准确地表达大小、强弱、轻重、褒贬不同的概念；二是停顿恰当，停顿的位置和停顿的时间都要符合文章原义；三是读准"降抑、昂上、平直、弯曲"四类语调。朗读时语速要适宜，顺利流畅，无断断续续的现象。

第三阶段是传情达意的朗读。在理解文章各个部分及其衔接和过渡、掌握作品的背景和语言环境、把握作者流露的爱憎感情的基础上，准确地安排朗读基调的抑扬、节奏的快慢、气氛的强弱，达到既强烈鲜明又恰如其分地表达主题的境界。

二、默读

默读是不出声的读书。由于阅读的目的不同，默读时往往采用不同的方法，主要有精读、略读、速读、跳读四种，分述如下：

精读。精读是培养阅读能力最主要、最基本的手段。凡是从语言到内容都必须全面把握、深入理解的文章，都要精读，如教科书和一部分堪称语言运用典范的文章。

略读。略读的目的是把握全篇的大意，得其要领。因此在阅读中，对某些难点，只要不影响对总体的把握，可采用"以绕为进"、"以避为进"的办法，不在一处多耗时间。对于长句，要善于抓住主干；遇到难词，要善于根据词的排列组合和上下文的联系，推断它的含义；碰到生字，只要不影响对大意的理解，可以跳过去，以免影响进度，当然，如果几次碰到它，说明它常用，就应该查阅工具书，省去以后的麻烦。

速读。速读即快速读书的方法。它的特点是快，要求读得快，理解得快，用尽量少的时间获取尽量多的信息，但这并不意味着降低阅读质量。速读允许略，不容许错。

跳读。跳读就是不通读读物，有所舍弃，择其所需而读。掌握跳读方法的关键是锻炼视读的捕捉力和大脑的选择判断力。跳读时目光只反描最关键的词句，一眼望去，无关的通通抛开，只取所需。此外，掌握一些规律对跳读大有帮助。如议论文，总论点一般放在文章的开头和结尾，分论点一般放在段落的开头和结尾。当然也有少数例外，这往往是开头一段交代背景，最后一段说说怎么办，社论常常这样写。懂得这些常识，有助于议论文的跳读。

上述各种读书方法——朗读、粗读、略读、速读、跳读等，各有各的长处，各有各的用处。以精读为基础，同时学会运用其他读书方法，无疑会大大提高读书效率。

第五节　想迅速扩充知识，就要进行略读

对于青少年来说，要想迅速扩充知识，就要进行大量的阅读。因此，在很多时候，阅读方法和技巧就变得非常重要。假如读者面对一本书，他并不知道自己想不想读这本书，他也不知道这本书是否值得进行仔细阅读。但读者觉得，或只要你能挖掘出来，书中的资讯及观点就起码会对你有用处。或者你想要发掘所有的东西，但时间很有限。在这样的情况下，你一定要做的就是"略读"整本书，或是有人说成是粗读一样。

用这种快速浏览的方式来阅读一本书，就像是一个打谷的过程，能帮助读者从糙糠中过滤出真正营养的谷核。当读者浏览过后，他可能会发现这本书仅只是对你目前有用而已，这本书的价值不过如此而已。但至少读者知道作者重要的主张是什么了，或是他到底写的是怎样的一本书。因此，读者花在略读这本书上的时间绝没有浪费。培养略读的习惯应该用不着花太多时间。

一、先认真看书名和序言

先看书名页，然后，如果有序，就先看序，要很快地看过去。特别注意副标题，或其他的相关说明或宗旨，或是作者写作本书的特殊角度。在完成这个步骤之前，你对这本书的主题已经有概念了。如果你愿意，你会暂停一下，在你脑海中将这本书归类为某个特定的类型。而在那个类型中，已经包含了哪些书。

二、仔细研究目录页

研究目录页，能对一本书的基本架构做概括性的理解。这就像是在出发旅行之前，要先看一下地图一样。遗憾的是，除非是真的要用到那本书了，许多人连目录页是看都不看一眼的。事实上，许多作者花了很多时间来创作目录页，想到这些努力往往都浪费了，不免让人失望。

通常，一本书，特别是一些论说性的书都会有目录，但是有时小说或诗集也会写上一整页的纲要目录，分卷分章之后再加许多小节的副标题，以说明主旨。

目前，虽然偶尔阅读者还会看到一些分析性的纲要目录，但已经不普遍了。这种现象衰退的原因是，一般人似乎不再像以前一样喜欢阅读目录纲要了。同时，比起一本目录完全开诚布公的书，出版商也觉得越少披露内容纲要，对读者越有吸引力。至于阅读者，读者觉得，一本书的章节标题有几分神秘性会更有吸引力，他们会想要阅读这本书，以发现那些章节到底写了些什么。虽然如此，目录纲要还是很有价值的，在你开始阅读整本书之前，你应该先仔细阅读目录才对。

三、查看索引

大多数论说类的书籍都会有索引。快速评估一下这本书涵盖了哪些议题的范围，以及所提到的书籍种类与作者等等。如果读者发现列举出来的哪一条词汇很重要，至少要看一下引用到这个词目的某几页内文。你所阅读的段落很可能就是个要点，或是关系到作者意图与态度的新方法。

四、不要忽略宣传文字

如果那是本包着书衣的新书，不妨读一下出版者的介绍。许多人对广告文案的印象无非是些吹牛夸张的文字。但这往往失之偏颇，尤其是一些论说性的作品更是如此。大致来说，许多书的宣传文案都是作者在出版公司企宣部门的协助下亲自写就的。这些作者尽力将书中的主旨正确地摘要出来，已经不是稀奇的事了，不应该被忽视。当然，如果宣传文案什么重点也没写到，只是在瞎吹牛，读者也很容易看穿。不过，这也有助于你对这本书多一点了解，或许这本书根本没什么重要的东西可谈，而这也正是他们宣传文案一无可取的原因。

完成以上几个步骤，读者对一本书已经有足够的资讯，让读者判断是想要更仔细地读这本书，还是根本不想读下去了。不管是哪一种情况，现在读者都可能会先将这本书放在一边一阵子。如果不是的话，现在读者就准备好要真正地略读一本书了。

五、进行选择性、随机性阅读

从读者对一本书的目录很概略，甚至有点模糊的印象当中，开始挑几个看来跟主题息息相关的篇章来看。如果这些篇章在开头或结尾有摘要说明（很多会有），就要仔细地阅读这些说明。

把书打开来，东翻翻西翻翻，念个一两段。有时候连续读几页，但不要太多。就用这样的方法把全书翻过一遍，随时寻找主要论点的讯号，留意主题的基本脉动。最重要的是，不要忽略最后的两三页。就算最后有后记，一本书最后结尾的两三页也还是不可忽视的。很少有作者能拒绝这样的诱惑，而不在结尾几页将自己认为既新又重要的观点重新整理一遍的。虽然有时候作者自己的看法不一定正确，但你不应该错过这个部分。

第六节　想求深度，就要精读

所谓精读就是在阅读材料的时候，逐字逐句、逐段逐节、深入细致地进行阅读，对资料中基本的概念、理论以及全部内容进行研究和探索。精读的对象主要是那些重要且涉及学科、专业的内容，这些知识与青少年学习关系密切，精读有助于青少年打好坚实的基础。对于博大精深的经典著作或重要段落，要反复熟读，细细咀嚼。

朱熹教人读书时，要求逐字逐句逐段读懂，如此这般，读好了一本，才换另一本书读，求的是读书的质而不盲目求读书的量。

一、精读要做到"五到"

心到，就是读书要用心，集中精力，全神贯注地阅读，对知识知其然是不够的，还要做到知其所以然，以求对文章有更深刻的理解。

眼到，就是眼睛要及时聚焦，阅读仔细、认真，同时在面对某些材料时要学会迅速浏览，提高阅读效率。

口到，就是在朗读背诵的时候，声音清晰哄亮。读书如果一味讲求理解词义、中心思想、写作特点，必然会使人无法体会作品的深刻内涵和丰富的神采，难以真正透彻地理解作品。

脑到，即指在阅读的时候，要勤于动脑，不断思考，尽量理解所阅读的材料。在阅读中，不断提高自己分析问题和解决问题的水平。

手到，指在阅读过程中边读书，边做笔记、摘要。俗话说，"好记性不如烂笔头"。很多学有成就的人都是不动笔墨不读书，他们认为动手摘写是读书的关键之一。动手，除了练习、实践外，还有助于青少年对所读内容的理解和记忆，锻炼我们独立思考的能力，培养我们的文字表达能力。

西晋文学家左思出身贫寒，小时候父亲对他期望很高，但是他的学习成绩一直不好。父亲很失望。一次，在跟朋友谈及左思时，父亲说："这孩子的智力太差了，还赶不上我呢！"在一旁的左思听到了，很不服气，从此发愤读书，后来终于不负父望，学有成就。左思读书有一个特点，就是勤于动笔。他在阅读过程中，抄写了很多妙文、警句。他的笔、纸布满家中各处，什么时候读书什么时候就做笔记，不仅记下所读的，还记下所想的，长期坚持不懈。他在阅读大量书籍的同时，记了大量材料，知识不断积累，成绩飞速提高。后来，他终于写出了《大都赋》，大家竞相购买此书，留下了"洛阳纸贵"的佳话。

二、精读的步骤

1. 前奏

在精读之前，从整体入手，浏览全书结构，包括封面、封底、内容提要、目录、前言、后记等信息。

2. 详读

对选取的部分进行细读，即对某章节或重要段落仔仔细细、认认真真地读，弄懂、弄通材料的点点滴滴，从字里行间捕捉材料内涵。在详读过程中，我们可以利用阅读符号与批注等帮助自己理解材料，同时为自己日后的复习和回顾创造条件。

列宁在阅读时就善于利用阅读符号，一本读书笔记他用了40多种阅读符号。阅读符号可以借鉴别人的，也可以自己创造，只要自己熟悉就可以了。批注是指在书的空白处写下心得体会。毛泽东读过很多书，学问很大。他读过的书有一个很大的特点，就是书中圈圈点点，密密麻麻地写了很多标注。

3. 边读边思考

在详读材料的时候要做到边读边思考，遇到疑难的问题不能忽视，或匆匆一眼扫过，最好能够停下来，好好推敲、斟酌一番。对那些确实无从着手的难题，可以打上记号，另作处理，或翻阅参考资料，或请教他人，同时给自己必要的时间进行想象和联想，这样不仅能使我们充分理解阅读材料，还能让我们对材料的记记加深。

有些人读书总是急急忙忙，囫囵吞枣，动作很快，可是一本书读下来，脑子里好像什么印象也没有，效果当然很不好。有些人则很会读书，他们对该精读的文章不求速度快，读读停停，停停想想，想想写写，在阅读中不断地想象和联想，让自己的思想和作者产生共鸣，或对自己不赞同作者的地方任细思考。

4. 总结

在读完一章内容或一本书后，应该进行及时总结，并加以记忆。读书的目的是为了增加知识，或解决实际问题。如果读完一本书，书是书，自己是自己，那就等于白读了一本书。因此，既然我们花了这么多力气啃完整本书，为什么不再花点儿力气做好总结，让自己更好地把握知识呢？总结，能有效地清点自己掌握内容的多少，更好地了解、理解、把握知识，也是为了自己日后用到有关内容时，能够帮助青少年解决实际问题，不致"书到用时方根少"，面对问题茫然无绪，不得要领。

第七节　难懂的书，先从头到尾读一遍

我们每个人都有这样的经验：对一本难读的书抱着高度的期望，以为它能启发我们，结果却只是在徒劳无益地挣扎而已。很自然的，我们会下个结论：一开始想读这本书就是一个错误。但实际上这并不一定是错误，而只是从一开始就对阅读一本难读的书期望过高。只要找到对的方向，不论是多难读的书，只要原来就是想写给大众读者看的，就不该有望之却步的理由。头一次面对一本难读的书的时候，从头到尾先读完一遍，碰到不懂的地方不要停下来查询或思索。

只注意自己能理解的部分，不要为一些没法立即了解的东西而停顿。继续读下去，略过那些不懂的部分，很快你会读到你看得懂的地方。集中精神在这个部分，继续这样读下去。将全书读完，不

要被一个看不懂的章节、注解、评论或参考资料阻挠或泄气。如果你让自己被困住了，如果你容许自己被某个顽固的段落绑住了，你就是被打败了。在大多数情况里，你一旦和它纠缠，就很难脱困而出。在读第二遍的时候，你对那个地方的了解可能会多一些，但是在那之前，你必须至少将这本书先从头到尾读一遍才行。

你从头到尾读了一遍之后的了解——就算只有50%或更少能帮助你，在后来重读第一次略过的部分时，增进理解。就算你不重读，对一本难度很高的书了解了一半，也比什么都不了解来得要好些。如果你让自己在一碰上困难的地方就停住，最后就可能对这本书真的一无所知了。

我们大多数人所受的教育，都说是要去注意那些我们不懂的地方。我们被教导说，碰到生字，就去查字典。我们被教导说，读到一些不明白的隐喻或论说，就去查百科全书或其他相关资料。我们被教导说，要去查注脚、学者的注释或其他的二手资料以获得帮助。但是如果时候不到就做这些事，却只会妨碍我们的阅读，而非帮助。

比如阅读莎士比亚的戏剧，会获得极大的快乐。但是一代代的高中生被逼着要一幕一幕地念、一个生字接一个生字地查、一个学者注脚接一个注脚地读《裘利斯？凯撒》《皆大欢喜》《哈姆雷特》，这种快乐就被破坏了。结果是他们从来没有真正读过莎士比亚的剧本。等他们读到最后的时候，已经忘了开始是什么，也无法洞察全剧的意义了。与其强迫自己接受这种装模作样的做学问的读法，不如试着一次读完全，然后思索一下你在第一次快速阅读中所获得的东西。只有这样，才算是做好接下来仔细又专心研究这个剧本的准备。因为你已经有了相当的了解，可以准备再学一点新的东西了。

这个规则也适用于论说性的作品。事实上，第一次看这样一本书的时候，要粗浅地阅读这个规则，在你违反的时候正可以不证自明。拿一本经济学的基础书来说吧，比如亚当？斯密的经典作品《国富论》，如果你坚持要了解每一页的意义，才肯再往下读，那你一定读不了多少。在你努力去了解那些细微的重点时，就会错过斯密说得那么清楚的一些大原则：关于成本中包含的薪水、租金、利润与利息种种因素，市场在定价中的角色，垄断专卖的害处，自由贸易的理由等等。这样，你在任何层次的阅读都不可能很好。

记住，面对一本难读的书的时候，先努力从头到尾读完一遍，这样你才容易从中获得最大的收益。

第八节　根据不同的需求写读书笔记

除了在书上做记号，写读书笔记，也是一种很好的阅读习惯。写读书笔记能够加深对于书籍内容的理解，能够训练思想的周密条理，提高分析问题的能力，能够养成良好的阅读习惯，有助于培养办事认真、扎实的作风，有助于提高文字表达能力。

读书笔记的形式多种多样。由于所读书籍的内容不同，和自己对所读书籍的疏熟情况不同，读书笔记也需采取与之相适应的形式。

一、写自己阅读的体会

读了理论性的书刊或文艺作品，一般适宜这种形式。可以写成一篇内容完整的文章，也可以用随感录的形式写出体会。可以就书文的全篇来写，也可以截取其中的一部分来写。最好不要大段大段地征引，而应着眼于结合书文的内容，联系自己的思想、学习、工作和周围的实际来写体会。

二、综合叙述

读了几本（篇）谈同一问题的书文，一般宜采用这种形式，几本（篇）书文，作者们的见解可能有些不同，甚至针锋相对；或者见解虽然差不多，但谈问题的角度不同，引用的材料不同。写综合叙述，要抓住重点，把几本（篇）中见解相同的放在一起叙述。可以就其中一本（篇）为主要叙述对象，其他本（篇）谈问题的角度有哪些不同，引用的材料有哪些不同，对比写出。对于见解不同的，可以将分歧的地方叙述出来，或者对比列出各人的见解。综述见解不同的书文，最好写出自己的看法。

三、写较详细的内容提要

这一般适用于学到较为艰深的书文，写一遍详细内容提要，其效果比重读一遍要好得多，对于加深理解和记忆有很大的作用。写这种形式的读书笔记，既要总领所读书文的主要内容，又要分列出各方面或各部分的内容，某些重点部分可以一字不差地抄录。

四、进行补充

读了某些书文，觉得内容不完备，可在读书笔记中予以补充，使原来的内容臻于充实。补充，必须围绕书文中所论述的内容来阐述、引申、发挥，不要扯到一边去了。补充时，宜先概述原文内容，指出其缺陷，再写自己的补充。

五、摘录

对于科技书文中关键性的内容，理论著作中精辟的论述，文艺作品中精彩的描绘或者发人深省的警句，可在读书笔记中摘录下来。摘录要少而精。也可在摘录之后写一点自己的认识和体会。

六、质疑批驳

阅读中发现疑难问题，可在读书笔记中记下来，以备日后向别人质疑。弄明白了，再把答案写上去。阅读中遇到观点不正确的，在读书笔记中指出其错误，提出自己的看法。指出错误，要观点鲜明，击中要害，以理服人。

学习和阅读要持之以恒，写读书笔记也要坚持不懈。写了之后，还要经常翻阅。

第九节　阅读训练与实践

培根说："读书不要存心质疑，也不要全盘相信，而是要思索，要权衡。"思索和权衡，是打开正确读书方式大门的钥匙，也是学会学习的基础。为了获得这方面的能力，我们建议青少年进行如下训练与实践。

一、选出一本值得一读的好书

认真看好书的题目，在自己的脑海中设想，在这个题目下，作者可能论述什么样的内容。思考题目中所有词汇的意思，比如"美国历史"。什么是历史？记录下来的历史是什么？两种"历史"（真实的历史与写在纸上的历史）有什么差别？"美国"的意思是什么？这个名称从何而来？

然后，再看看作者的名字。在继续读下去之前，记住作者的生平。了解他在文学或史学中的地位。你对他的作品应该给予什么样的重视程度？

完成这些步骤之后，仔细地看目录。现在你应该对这本书的主要内容以及写作目的有了大致的把握。如果觉得这本书的内容不适合自己，那就要舍弃这本书，另选一本。以后你所有要阅读的书，都要经过这样的精挑细选。

二、边预测，边阅读

假如经过前面对作者和书籍内容的挑选，你希望把这本书读下去，那么认真地读一读前言。读完之后，思考一下：作者在这里说了些什么？依你的判断，这个前言起到了什么样的作用？以后读书时，都要养成这样的习惯。

三、认真阅读和思考简介

如果这本书有简介，一定要认真地把它读一遍。如果前面的介绍没有阅读，很多地方都可能被误解。读过介绍后，回想一下简介的主要内容。现在再一次提出这个问题，作者为什么要写这个简介，或者在这个简介里他到底说了哪些方面的内容？很可能到这一步的时候，在进一步阅读之前，你已经把这本书抛到一边了。如果要严肃认真地读书，一定要养成这个习惯。

四、精读一本书前面的 25 页

一定要精读一本书前面的 25 页。在这 25 页当中你有没有读到新颖、有趣或者你认为有价值的东西？如果在这个过程中你没有看到任何新鲜、有趣或者有价值的东西，很可能这本书的命运是将被大幅度地削价处理。

如果你在一本书的前 25 页内没有看到特别的内容，就很可能说明作者写作平平，或许他的作品根本不值一读。

五、重读第一句话

现在假设你决定把手头的书读下去，那么我们有必要回到这本书的第一句话。重读第一句话的时候，要格外小心。主语是什么？谓语呢？宾语呢？每个词各是什么意思？如果是抽象的思想，就要把它转化成你自己的语言。认真思考这句话的内容，要深入细致地想彻底。如果是一个物体，就闭上眼睛在脑海中呈现它的样子。如果这句话表述行为，看看它表达的是什么样的行为。尽可能地在脑海中构思这幅行动的场景。如果这个句子很长，读起来晦涩拗口，尽量理解它的意思，就好像理解"存在""状态"或者"行动"这样含义丰富的词一样。然后，把这句话再读一次，把各个部分的思想综合连贯起来，对整个句子要表达的思想有清晰的把握。

六、一定要思考

一定要把作者的思想转化成自己的语言。不要背诵，一定要思考。用的精读方法读完第一段。然后，用自己的话把第一段的主要思想组织起来。把这种深入细致的分析性阅读继续下去，直到你已经掌握了第一章的主要内容。现在把你所有的笔记放到一边，根据记忆把这章的内容用连贯的句子写出来。

整本书都是如此阅读，如果你按照这样的方式去做了，这些书几乎不再需要读第二次。精读一本书，比马马虎虎地读很多书能得到更多的教益。这样的练习证明是非常有价值的，因为它们建立在特定的大脑思维基础之上。眼睛在看书的时候，变得非常迅速敏锐，它把一些朦胧的观点连贯起来，在读者脑海中构成清晰的图像，这样阅读的时候，读者自己可以得到极大的乐趣。

七、在适当的地方做好标记

在读任何一本好书的时候，在重要而有用的句子或段落上做好标记，在书后的空白页码做好索引。即使这本书本来就有印好的索引附在后面也没有关系，你自己做的索引对你更有用。在你读到的重要地方做好标记，加以编号或排序。在读到一章结尾的时候，复习一下这些重点，并把它们记下来。

八、不要随随便便接受作者的观点

　　如果作者名不符实，他写的东西并不能保证质量，或者他带着明显的倾向性，显然是有目地"论述他的观点"，那么要带着质疑的态度阅读他的作品。不要随随便便地接受他的看法。注意从客观公正的角度考虑他谈论的问题。看他引用的事实是否确有其事；看他引用的资料来源是否正确，解释的是否是原来作者的真实意思；审查他的论点有没有漏洞。可以宽容地看待他的观点，但是在适当的时候向他发出诘难。不要过于草率地否定或屈服于他的观点。明天，你否定的东西可能就变成了真理，你接受的观点可能大谬不然。通过大量的阅读来积累事实、分析现状、陶冶情感、增加生活经验，最终使你成为远见卓识之人。

第六章　文体不同，阅读方法不同

古人云："授人以鱼，不如授之以渔"，学习能力的提高主要得益于学习者不断摸索和不断改造自己的方法。掌握科学有效的阅读方法已经成为时代对我们提出的要求。要使学生在阅读教学过程中处于积极学习、主动发展的状态，关键是想办法让学生掌握正确的阅读方法。在具体的阅读教学中，应根据不同文体的特点和规律选择不同的阅读方法，进行不同形式的阅读。

第一节　记叙文的阅读方法

记叙文是以记叙、描写为主要表达方式，以记人叙事为主要内容的一种文体。以写人为主的记叙文，其中心思想及作者的思想感情，主要是经由对人物的叙述描写表现出来的。因此，我们在阅读中，要学会对人物的外貌、语言、行动、心理活动描写的分析，了解人物的思想品德及文章的中心思想。以记事为主的记叙文，其中心思想及作者的思想感情主要透过对事件经过的叙述、描写表现出来。这类文章大多要交代事情的发生、发展、结果，要能透过分析事情的经过，揭示事情的意义。记叙文的阅读方法主要有以下四种。

一、弄清文章的脉络

线索是贯穿全文的脉络，理清了线索，文章的段落、层次就好掌握了。有的以某一事物为线索，如《小麻雀》一文以小麻雀为线索。有的以行踪为线索，有的以时间为线索，还有的以感情为线索等。一篇记叙文通常只有一条线索，也有的一主一次或一明一暗两条线索。如《藤野先生》一文的明线是鲁迅先生与藤野先生相识、相处与怀念的过程，暗线则是鲁迅先生崇高的爱国主义思想感情。

二、弄清记叙的顺序

记叙是记叙文的基本表达方式，把握了记叙的顺序，就可以更好地理解文章的条理和层次，便于把握全文的结构和中心了。记叙文的顺序较常见的有：一是以时间为序，或正序、或倒序，其中也常有插叙和补叙。如《回忆我的母亲》全文按时间顺序记叙母亲勤劳的一生，紧扣母亲的特点选材，全篇章法清楚，结构严谨。二是以事理为序，按某一思想的发展程序，或按不同关系分类描述，或选取不同角度逐一叙述。如《琐忆》前一部分所谈的内容为"俯首甘为孺子牛"，后一部分为"横眉冷对千夫指"，以人物的两个不同角度为序表现出鲁迅平易近人、爱憎分明的人格特点。三是综合运用时间顺序和事理顺序。所有这些记叙顺序虽然变化无穷，但只要按上述类别去分析，顺序是可以把握的。

三、弄清写作的手法

记叙文除以记叙为主外，还运用多种表现手法，如描写、议论、说明、抒情等。描写还有肖像描写、行动描写、心理描写、景物描写、细节描写等手法。要理解叙述、描写、说明、议论、抒情等表达方式在文中的作用。

叙述：记叙、述说人物的活动和事情的经过，把人物和事情的基本情况交代清楚。

描写：对人、事、物、景进行生动的描绘和刻画，使读者产生如闻其声，如见其形，如临其境的感觉。

叙述和描写常常结合起来使用，阅读时注意文中的叙述和描写，对深刻理解文章的思想内容会起很大作用。记叙文以叙述描写为主要表达方式，记叙文中的议论、抒情，往往是为了揭示人或事件的意义，抒发作者的感情。总之，分析多种表现手法，主要看作者是怎样把多种表达方式巧妙结合，熔于一炉，恰到好处地运用的。

四、弄清语言的运用

注意分析语言的特色，既可以加深对文章的理解，又可以得到欣赏之乐，还可学习语言，有利于写好文章。揣摩文中语言的生动性要从记叙文的特点出发，不能脱离其语言环境。记叙文语言的生动性可以从语词、表达方式、修辞方法的运用等方面去品味揣摩。

如魏巍的《我的老师》中，老师假装发怒一节，教鞭"好像要落下来"、"轻轻地敲在石板边上"，大伙笑了，"她也笑了"，刻画出了蔡老师的温柔、美丽及对学生的亲切、挚爱。文中又写"我们见了她不由得就围上去。即使她写字的时候，我们也默默地看着她，连她握笔的姿势都急于模仿"。"不由得"是不知不觉、无意识的，由不得自己的一种情状，它反映了老师的一举一动都是可爱和美好的，即使是写字这样微不足道的举动，在孩子眼里也是非常的神圣。"默默地"不仅点明了孩子们的全神贯注，而且突显出他们不愿打扰老师的心理。"急于"更是写出了他们对老师的信任与崇拜，恨不得自己也马上成为"她"。这些朴素的语言表现出了孩子们对老师的无限依恋与爱戴。

第二节　说明文的阅读方法

说明文是以说明事物的形状、性质、成因、能力等为特征，阐明事理、介绍知识等为主要内容的一种文体。其说明对象往往是就某一事物（事理）的某一方面，说明对象的特征亦即说明中心，是指被说明事物（事理）区别于其他事物（事理）的独特之处。

阅读说明文的时候，要分析详略的关系。一般来说，详写的部分既是事物特征的体现，又是说明文的重点与中心所在。

如《故宫博物院》一文，作者重点写了"前朝"和"内廷"，这两个地方又分别以太和殿和养心殿为重点详细介绍。详写这两个曾是皇帝处理政事的地方，体现了这座皇宫的特征——封建社会以皇帝为中心的皇权至上的思想。因此，阅读说明文时，要注意在比较分析中，准确把握说明事物的特征和本质，培养快速提取信息的能力。

说明文的标题常常提示文章说明的范围、重点、倾向性、类别、中心等，阅读说明文时应注意分析标题的提示作用。还可以通过查阅每个自然段的提示性语句或中心语句，概括出段意，然后再集中主要段落的大意，分析归纳出全文的中心。说明文的阅读方法主要有以下三点：

一、理清顺序

说明的顺序，主要是时间顺序、空间顺序和逻辑顺序。理清说明顺序的方法主要有了解事物的发展过程、抓住事物的结构特征、分析事物的逻辑关系等。

1. 了解事物的发展过程

这种方法多用于对动态事物说明文的分析。一般动态事物说明文的说明顺序，都是以事物的发生、发展的过程为顺序的。

如《景泰蓝的制作》是以景泰蓝的制作过程为顺序的；《人类的出现》是按照时间顺序，即从猿到人的四个阶段进行说明的；《蝉》是以蝉的生长过程为序，先写蝉从幼虫到成虫的生长过程，再写蝉从产卵到幼虫的生长过程。

2. 抓住事物的结构特征

这种方法多用于对静态事物说明文的分析。静态事物的说明，常按空间顺序由近（远）及远（近），或由上（下）到下（上），或由外（内）向内（外）等依次进行说明。一般静态的具体事物都有其不同的结构特征，只要抓住了它们各自的结构特征，就便于弄明白文章的结构顺序。如《南州六月荔枝丹》一文，我们先读课文，了解荔枝的外形特征有壳、色、形，内部特征有膜、肉、核。由此就可以知道，这篇说明文的说明顺序是从外到内。

3. 分析事物的逻辑关系

说明文说明的事物事理，其自身就存在着一定的逻辑关系，再加上作者常根据人们认识事物的逻辑顺序去说明，所以部分说明文中的逻辑关系是比较明显的。一般的逻辑关系顺序有：从主到次、由浅入深、从一般到特殊、从整体到局部、先概括再具体、先现象后本质等。有时，还综合运用几种逻辑关系顺序。

如《中国石拱桥》和《苏州园林》都采用的是逻辑顺序，它们都是先指出事物的特点，接着或是以具体实例或是分别从几个方面加以说明。

二、弄清写法

常用的说明方法有：下定义、作比较、举例子、列数字、打比方、分类别、引用等。分析说明方法要做到熟练掌握各种说明方法的特征，能在阅读时准确分析辨认，体会其对说明事物所起的作用。

1. 下定义

指以简洁、明确、平实的语言揭示事物本质特征的说明方法。

如《人类的语言》中对语言概念的定义："语言是人们用语音按照一定规则表达意思、交流思想的工具，是人类所特有的交际工具。"

2. 作比较

指把两种或两种以上事物加以比较，进而显示各自特点的说明方法。

《景泰蓝的制作》一文，把掐丝跟刺绣、刺丝、象牙雕刻进行比较，使人们对掐丝工作的细密有了准确的理解。

3. 举例子

指举出有代表的、人们比较熟悉的例子来具体说明事物的方法。

《中国石拱桥》一文，在介绍了石拱桥的一般特点和中国石拱桥的总体情况后，以赵州桥、卢沟桥为具体实例来说明中国石拱桥在历史上曾取得的辉煌成就。

4. 列数字

指用具体数字说明事物的性质和特点的方法。这种说明方法有时比文字说明更简洁、精确，更为具体。

如《中国石拱桥》一文，在说明赵州桥的长度、宽度时说："赵州桥非常雄伟，全长50.82米，两端宽9.6米，中部略窄，宽9米。"

5. 打比方

指运用比喻的修辞方法来说明事物的方法。适当运用比喻，能够增强说明的形象性和生动性。

《中国石拱桥》开头就说："石拱桥的桥洞成弧形，就像虹。"这个比喻不但贴切，而且很美。《看云识天气》里"云就像是天气的招牌"一句，运用比喻手法，简明生动地写出了云和天气的变化关系。

6. 分类别

指将事物按照一定的标准，分成并列的几点来说明的方法。

如《向沙漠进军》介绍风沙进攻的情况时，作者将风沙向人类进攻的主要方式分为两类："游击战"和"阵地战"，然后分别具体加以解说，使人对风沙的进攻方式有确切的了解。

7. 引用

指引用有关文献资料以及故事传说、名诗佳句、俗语谚语等作为说明依据，并充分说明内容的方法。

如《死海不死》中，为说明死海的水浮力大而引述了一段传说：罗马统帅狄杜进兵耶路撒冷，下令将俘虏来的奴隶扔进死海，但奴隶们安然无恙，最后被全部释放。这段传说既有助于说明死海的特征，也能吸引读者。《说"屏"》一文中，多处引用古诗词，帮助读者拓展视野、丰富知识，也增强了语言的生动性、趣味性。

三、弄清表达方式

说明文中的表达方式，以说明为主，但也常会运用记叙、描写、议论和抒情。

说明文中的记叙，一般为概括记叙，并不展开。说明文中的描写，语言力求准确，态度比较客观。说明文中的议论和抒情，虽然也有教育、鼓舞的作用，但其主要作用还是强化对事物本质特征的认识。

如《琥珀》一文，文章的大量篇幅在叙述和描写"松脂——小苍蝇——蜘蛛"之间的活动，从表面看，记叙的成分很浓，但其侧重点是在说明琥珀形成的过程，这种叙述和描写是为说明服务的。

《中国石拱桥》中"大拱的两肩上各有两个小拱"，"两肩"二字运用拟人手法，准确、传神地写出了大拱和小拱的位置关系。

《故宫博物院》中有一些议论抒情的句子，如"故宫建筑群规模宏大壮丽，建筑精美，布局统一，集中体现了中国古代建筑艺术的独特风格"、"这样宏伟的建筑群，这样和谐统一的布局，不能不令人惊叹"。这些地方虽然洋溢着作者的自豪感，但并不以浓郁的感情打动人，是建立在对事物准确周密的说明基础之上的，有助于我们进一步认识故宫的建筑物和建筑布局。

总之，说明文中的其他表达方式的运用，都是为说明事物的特征和本质的。阅读中抓住说明的重点，对表达方式作分析，就会对事物的特征和本质有更为深入的认识。

第三节 议论文的阅读方法

议论文是透过概念、判断、推理的方式，分析、综合的方法，引用各种数据，进行论证说理的一种文体。其基本结构形式是：引论（提出问题）——分论（分析论证）——结论（解决问题），其他并列式、层递式、总分式等结构形式，都是以"引论——分论——结论"三段为基础演化而来的。要准确把握议论文的构思，可从下面四点入手进行分析。

一、弄清论点

议论文的中心论点，就是作者对所论述的问题发表的见解、主张和看法。阅读议论文，可通过论题，弄清论点，透过分论，归纳论点，根据位置，抓住论点。

通过论题，弄清论点。通读全文，了解文章的大概内容，进而明确文章论述的主要问题，弄清作者在论述主要问题时的主要观点，即弄清了文章的中心论点。很多议论文的题目提示了论述的主要问题，阅读时应该注意。

通过分论，归纳论点。通读全文，分析论证部分，了解文章的所有分论点，分析各个分论点之间的意义关系，归纳出中心论点。

根据位置，抓住论点。根据中心论点在文章中的位置，可以抓住中心论点。

有的议论文，题目就是中心论点，如《继续保持艰苦奋斗的作风》。有的开头点明中心论点，如《谈骨气》一文，开头提出论点：我们中国人是有骨气的。有的结尾点明中心论点，也有的在前面论证的基础上，中间提出中心论点，后面又进一步论述。

二、分析论据

论据是证明论点的理由和根据。要准确地把握论点，必须弄清论据的类型，分析论据是否准确、充分、典型，弄清论据和论点之间的关系。

弄清论据的类型。论据有两种类型：一种是事实论据，包括历史和现实生活中客观存在的各种具体事物以及统计数字等；一种是道理论据，即能够反映自然界和社会规律的理论，包括公理、定理、定律、名言、经验等理性资料。

分析论据是否准确、充分、典型。论据是论点成立的依据，必须真实可靠。事实论据不能是虚假的，道理论据不能是片面的。不管是事实论据还是道理论据，都必须完整、准确地理解它、运用它，绝不能牵强附会、断章取义、扭曲事实、曲解原意。论据要充分，并不是指需要大量的论据，而是要求论据具有典型性，要能反映事物的共性、反映事物的本质和规律。

弄清论据和论点之间的关系。有的论据直接证明中心论点，有的论据证明分论点，分论点再证明中心论点。

如《理想的阶梯》一文，引用富兰克林和鲁迅珍惜时间的名言，列举巴尔扎克和爱迪生紧张工作的实例，都是证明分论点"理想的阶梯，属于珍惜时间的人"的。

三、分析论证方法

阅读议论文，可以从各个不同的角度分析论证方法。从逻辑推理的角度分析，论证方法可以分为归纳法、演绎法、模拟法、归谬法；从展开论证的角度分析，可分为直接论证和间接论证；从论证方式的角度分，可分为立论和驳论；从论据类型的角度看，有例证法、引证法；从语言表达的角度看，有比对法、喻证法等。要从文章的段落、层次之间的内在关联上去作分析。

四、分析表达方式

议论文中，除议论这种表达方式外，也有记叙、描写、说明和抒情。议论文中的记叙，往往概括性很强，其目的是证明作者的观点和主张。议论文中时而也有生动形象的描写，但目的不在刻画形象，以之感人，而在透过描写使观点更鲜明。议论文中也有说明，揭示事物的本质属性，目的是为了得出最后的结论。议论中的抒情，会使议论更加有力，更加深入人心。分析议论文中的表达方式，一定要紧紧扣住作者的观点和主张，才能获得更鲜明、更深刻的认识。

第四节　文言文的阅读方法

对很多人来说，文言文是很难理解的一种文体，而对很多青少年来说，如果不是因为考试的需要，恐怕没有多少人愿意去啃那些晦涩难懂的文言文。但有一点是我们必须认可的，那就是：这些文言文都是我们的祖先留给我们的珍贵遗产，其中的很多文章凝聚着人类智慧的结晶，代表着人类思想的闪光点，而那些经过无数次的锤炼与洗礼仍然被传诵不衰的经典著作，更为我们在求学的过程中，起到了导航的作用，不致让我们迷失在茫茫的学海之中。在文言文的阅读中，我们通常需要注意以下五种方法。

一、预读

在预读时，需要达到这样一个目标：读对字音，准确停顿，把握节奏；了解作家的相关作品；从整体上把握文章的基本内容。具体做法是：查阅工具书，结合注释给生字、生词注音；结合课文注释和语文工具书，了解有关作家作品常识；结合预习提示或自读提示从整体上了解课文；通过解题和通读全文把握文章的基本内容和文体特征。

二、摘录

摘录的主要目的是：熟悉课文，自学存疑，明确学习的重点和难点。具体做法是：摘录文章中的生字、生词与名言警句；摘录文章中的难句与难点；记录在阅读文章时产生的疑难问题；阅读或摘录（或做提要、目录）与课文相关的辅助数据；结合单元学习的提要、预习提示、思考和练习，确定学习的重点和难点。

三、解读

解读的目的是：通过语言分析，具体地感知课文内容，把握文章表现出来的作者的观点、态度或思想倾向。具体做法是：结合语境，从句子结构和上下文去深入理解疑难语词和句子的含义；利用古汉语常识具体分析文中特殊的语言现象；翻译（可以是口头的也可以是书面的）文章或文章片断，以求深入地从整体上把握文章；

通过和其他人进行讨论，针对重点和难点进行突破。

四、品读

品读是阅读文言文时最为关键的一步，只有做到品读，才能够对文章的思想内容、章法结构、表现技法、语言艺术、艺术风格等方面进行文学和美学的鉴赏性阅读。具体做法是：从文体特征出发，总体上把握文章作为一种"类型"的基本特征；比较阅读，从内容和形式方面对文章的具体特征和作者的艺术个性进行分析；查阅文献资料，就重要的实词、虚词和语法问题撰写小论文，以巩固所学知识，强化能力训练。

五、诵读

诵读的目的是：加深理解，强化记忆，丰富语言，累积数据，训练语感，培养语感。具体做法是：在对文章进行理解的基础上，反复朗读，力求熟读成诵；反复朗读品味，背诵名篇、名段和名句，准确记忆；扩展阅读，研读与文章相关的数据，扩大知识面以求更为全面深刻地理解课文；整理学习笔记，编写学习小结，以突出重点、难点；指导写作读后感想或思想评论，以求陶冶情操。

第五节 小说的阅读方法

经典小说名著中所塑造的典型人物形象众多，栩栩如生，阅读时犹如走入一道道画廊：滑稽可笑的堂·吉诃德、坚强不屈的老人桑提亚哥、吝啬鬼葛朗台、天真可爱的小格列佛、美丽动人的安娜、百炼成钢的保尔·柯察金、一百零八条水浒好汉、叱咤风云的三国英雄、缠绵悱恻的宝玉和黛玉、"精神胜利法"的阿Q……迎面而来，和他们一起交谈、游戏、漫游、哀伤、战斗……体验人生百态，感悟人生之道，其乐无穷，受益匪浅。有些人物甚至可以陪伴自己一生，激励自己追求奋斗，成为永恒的朋友。

我们在阅读小说时，常常被小说的曲折生动的情节所吸引，被人物的独特性格、人生际遇、感情纠葛所打动，被渗透在作品中的深邃思想、哲理韵味、对人物灵魂的洞悉所震撼，产生强烈而持久的共鸣，甚至影响更为深远。因此，阅读小说的能力与方法是我们应着重培养和掌握的。那么，在阅读小说名著时，需要做到哪些呢？

一、感知内容，把握情节

通过阅读，首先是要感知作品内容，了解它写的是什么地方、什么人、什么事，故事的情节是怎样发生、发展、达到高潮、结束的，矛盾又是怎样解决的等等。小说中的人物性格及主题思想，都是在看情节的发展演变过程中逐渐展现出来的，因此阅读小说首先必须熟悉并把握故事情节。

小说情节的魅力主要体现在八个字以上，即"出其不意，写其不备"。例如，堂吉诃德一心想做一番惊天动地的"骑士"伟业，却事与愿违，最后只落得"一命呜呼"的下场。《巴黎圣母院》中面貌丑陋不堪的加西莫多初始抢劫美丽的吉卜赛女郎爱斯梅拉尔德，后来却无比温柔地关怀爱斯梅拉尔德、英勇无比地保护爱斯梅拉尔德；加西莫多初始对副主教克洛德唯命是从，后来却认清他的丑恶而将他推下钟楼摔死；读者起初以为加西莫多是个坏蛋，后来却发现他心地善良。

《围城》中的方鸿渐与孙柔嘉历经波折而结合，读者以为他们会幸福到老，谁知最后方鸿渐却落得有家难归。小说的情节就是这样出乎读者意料之外，让读者为之所吸引、沉迷，一惊一诧，紧扣心弦，起伏跌宕，令人爱不释手。

二、了解环境，弄清背景

某些作品可能对青少年而言有些陌生难懂，尤其是外国作品，所以就有必要了解一些关于作者的情况，如作家的生平、思想、创作倾向；了解一些作品写作的历史时代背景、作者的创作动机以及作品问世以来人们的评价等，这些背景性数据的了解对理解作品、把握人们很有帮助。例如读《堂吉诃德》，如果不了解作品是写于16世纪后期，当时欧洲正处于资本主义发展时期，而西班牙还处于闭塞落后、封建势力仍得势、日益没落消极的骑士小说却依然盛行的时代背景，不了解作品专为讽刺骑士制度和骑士小说的创作初衷，就难以理解作品所塑造的堂吉诃德是一个行为荒唐、思想却先进高尚的滑稽可笑又可悲可敬的人物。

再者，要了解作品中的环境。作品中的环境是作品中的人物赖以生存发展活动的地方，它包括自然环境和社会环境。自然环境包括季节时令、大地山川、日月星空、风云雨雪、花草树木、鸟兽鱼虫等，社会环境包括时代特征、社会风俗、风土民情、地域景观等。环境描写不仅是小说的有机组成部分，而且更重要的是能够创造气氛，烘托人物性格，推动故事情节的发展，表现作者的思想感情，为主题服务。小说的环境描写比其他文学体裁更注重具体可感性，人物的真实性、典型性，情节的可能性、合理性，都必须放到一定的环境中才能确定，因此，把握小说中的环境对小说的理解显得很重要。

三、分析人物，抓住形象

塑造人物形象是小说创造的核心，而对人物的刻画必须落实到具体细致的描写当中，如对人物的肖像、行动、语言、心理、矛盾、冲突等方面的描写。不同的小说在塑造人物形象时可能表现的重点不同，例如中国古典小说《水浒传》、《三国演义》、《红楼梦》、《西游记》，侧重于通过人物的外在肖像、语言、行动去体现人物性格；而外国小说尤其是现代小说，较侧重于人物心理活动的细腻展示，如托尔斯泰的《复活》、海明威的《老人与海》等。

抓住人物思想性格的主要特征及个性，是分析理解人物形象的关键。一个人物的思想性格是多角度、多层次的，一般来说少见单一集中的，可是在诸多方面中往往有能够集中鲜明体现其主导思想性格的因素，使他有别于其他人物而不雷同。例如，同是美丽动人的女郎，托尔斯泰的《安娜·卡列尼娜》中的安娜与雨果《巴黎圣母院》中的爱斯梅拉尔德的思想性格就不相同。安娜是俄国十九世纪后半期受欧洲资本主义思想影响，而独立意识有所觉醒勇于追求自我爱情的贵族女性，而爱斯梅拉尔德是中世纪法国巴黎靠卖艺为生、心地善良淳朴、崇尚自由、不屈于淫威又被罪恶社会势力所吞噬的吉卜赛流浪艺人。

四、弄清主题，理解思想

小说的主题不是像贴卷标一样明显地张贴在作品的前头，而是蕴藏于作品的所有艺术形象中，它有待于读者去寻找、去挖掘、去发现、去获得。读者对小说作品主题的理解有一个由浅渐明的过程，还有一个由浅入深、由薄到厚的过程。有些小说的主题不是单一的、可确定性的，而是立体的、多层次的、不确定性的，还需要读者结合自己的实际去理解。例如，少年时读《水浒传》，看到的是打斗；青年时读《水浒传》，看到的是抗争；中年时读《水浒传》，看到的是命运。

小说名著的主题思想虽然不等同于艰深，但它确实是常读常新，令人百读不厌，这也许就是名著的魅力。而且在不同的时代、不同的文化背景下，读者对名著会有不同的理解与评价，名著也会产生不同的作用与影响。因此，有些名著需要多次阅读，每读一次都会有新的发现、新的感悟、新的收获。

五、感悟作品，收获灵感

在阅读过程中，我们可能有所悟、有所感，或动情、或明理，这些感悟犹如灵感的火花一样，稍纵即逝，如果我们不及时抓住，就很可能溜走，当你需要再回想时却已无迹可寻。因此可以采用圈点批注法、抄录精彩片段法，写读书随笔、杂记、读后感、人物评论、书评、文艺评论等这些方法，将读与写紧密结合起来，做到心灵、手勤、笔新。这样，我们就可以将读书的收获慢慢累积起来，日积月累，随着读书量的增多与质的深入，必将会提升自己的阅读水平与能力。

除此之外，小说作家为我们创造了丰富多彩的艺术表现形式，直接为我们学习语言、学习写作提供了可借鉴的宝贵经验，无疑会不断提高我们的文学鉴赏水平和语言表达能力。

第六节　散文的阅读方法

散文的最大特点是"形散神聚"，虽然取材范围广泛，内容博杂，所谓"上下几千年，纵横数万里"，但都统一在"神"这个灵魂之下。若能很快找到这个统领全文的"神"，那么就会迅速而准确地把握文章，提高阅读效率。在散文中总有集中表达作者思想感情，反映作品主旨的词句，是为"文眼"，倘若我们在通读全文的基础上，抓住这"点睛"之笔，就能透视文章的"心灵"，理解作者的写作意图，明确广博、纷繁的题材是怎样被有机地组织起来的。那么，我们欣赏散文的时候，应该从哪些方面入手呢？

一、找准线索结构清

线索是串联文章内容的一根"红线"，它在文章结构中有举足轻重的作用，没有恰当的线索，文章将是"一盘散沙"。找准散文的线索，就可理清它的内容结构。写景散文一般以游踪或某一景物为线索。例如：《绿》、《荷塘月色》以游踪为线索，《灯》、《蒲公英》、

《碑乡的榕树》则分别以"灯"、"蒲公英"和"故乡的榕树"为线索。顺着线索可以 步步地概括出各部分的大意，进而形成课义内容的结构提纲，对其严谨、巧妙、独到的构思技巧有个全面的掌握，为深入理解文章立意奠基。

二、融情于景见立意

"一切景语即情语"。举凡写景散文都要采用借景抒情、寄情于物、托物言志或象征等手法来含蓄而具体地表情达意。常言道："画龙点睛"，唯有"点睛"方能出神，"画龙"之后才好"点睛"，而"画龙"的过程即是融情于景的过程。所以把握写景散文的"立意"，需要紧扣"文眼"，认真赏析作者对景物细腻逼真的描写，特别是那些精妙的片段，需要细细品味，随着作者的思路层层推进，向纵深开掘，结合写作背景，全面归纳。

例如：《绿》所表现的热爱生活、勇于进取的激情，《荷塘月色》的苦闷情绪（淡淡的哀愁和淡淡的喜悦），《灯》的希望永存、抗战必胜的信念，《蒲公英》的"反战"思想，《故乡的榕树》的思乡之情等立意，都是通过对景物的精雕细刻，层层铺垫，喷发而出的。

三、语言美妙赏奇文

"文学是语言的艺术"。艺术语言是最能反映作家的创作个性的，所谓"言为心声"，因此，品读散文的优美语段，能够使读者受到美的熏陶，达到"与我心有戚戚焉"的审美境界。赏析、品味散文的语言，进行有效累积，对开拓我们的思维空间，增强语言表达能力，提高写作水平，充实文学素养，都是大有裨益的。每个作家都有自己独特的语言风格。朱自清的清新真挚、巴金的含蓄深沉、壶井荣的朴实诚恳、黄河浪的活泼轻灵等等。我们需要兼采众家之长，遨游于文学艺术的江海之中。

四、想象丰富悟真谛

当然，阅读散文，我们必须发挥丰富的想象力，因为优美的散文是作家充分发挥想象力的结果；如果我们单靠理性的思索，而不投注足够的感情，那又怎么能够领悟其妙境和真谛？

掌握了以上四种散文的阅读方法，也就得到了点石成金的"指头"，自觉运用到课内外阅读中，必有所获，也会对散文的写作训练有所帮助。

第七节　诗歌的阅读方法

诗歌是一种深受很多人喜爱的文学体裁。因为诗歌不仅体现了语言美、思想美、境界美，同时也高度集中地反映自然景色之美和社会生活的真实感，饱含着强烈的思想感情和丰富的想象。细细品味，将会给我们带来一种别样的意境。一般而言，诗歌的阅读方法主要有以下四种。

一、朗读吟诵

诗歌的语言是最精练的、最优美的，平时我们说的"诗一般的语言"，指的就是这个意思。同时，押韵和分行，使诗歌读起来节奏感特别强，具有音乐之美。因此，阅读诗歌时，首先要通过反复朗读，读到朗朗上口，熟读吟诵，才能体会出诗的感情，进入到诗的意境。

二、展开想象

诗歌的一大特点就是想象。诗人常常把互不相关的事物，透过想象，并把这些事物用一根线串联起来，形成了一个统一体，而这根线就是诗歌这个载体。因此，我们阅读诗歌时要展开想象的翅膀，使诗歌中描绘的形象在脑中形成一幅幅色彩鲜明的图画，这样一方面可以加深对诗歌的理解，另一方面可以提高和发展自己的想象力。

三、情感共鸣

诗歌是诗人感情的凝聚和结晶。可以说，没有感情就没有诗歌。因此，阅读诗歌时，我们首先要体会作者抒发的感情。有些诗歌包含的感情和寓意比较深刻，只要细细品味，就能从诗歌中和作者产生情感上的共鸣。比如读《登鹳雀楼》这首诗时，只要我们仔细品味最后两句"欲穷千里目，更上一层楼"，透过揣摩、领会，就能从情感上与作者产生共鸣。

四、领会思想

任何一位诗人写诗时，都不可能是无缘无故的，如果是这样的话，整首诗的内容就会变得空洞乏味，不值一读，自然也不会流传至今了。很多诗歌之所以成为千古绝唱，是因为这些诗歌流露出了诗人真挚的思想感情，甚至代表了那个时期的思想。

比如，我们在读到杜甫的《蜀相》这首诗时，就可以从最后的两句"出师未捷身先死，长使英雄泪满襟"中，领会到杜甫的思想，甚至是那个时代很多文人的思想。

第七章　学会使用工具书

　　工具书是专供查找知识信息的文献，它系统汇集某方面的资料，按特定方法加以编排，以供需要时查考用的文献。"工欲善其事，必先利其器"，工具书是一种依据特定的需要，广泛汇集相关的知识或文献资料，按一定的体例和检索式编排，专供查资料线索的图书。是人们在书山探宝，学海求知的"器"。学会和善于利用工具书，是做学问的一项基本功。

　　随着工具书的不断发展，种类也变得越来越多。作为青少年，常用的工具书一般是字典、词典、百科全书以及课外的参考书。如何了解工具书，并高效地使用工具书，是青少年应该具备的知识，也是家长和老师在青少年进行阅读的过程中应该对青少年加以引导的。正确使用工具书，不仅可以帮助青少年解决问题，还可以加强青少年的自学能力、理解能力，进而提高阅读能力和学习能力。

第一节　善用、了解工具书

　　工具书的类型有许多种，最主要的两种是字典与百科全书。很多人容易忽视的是在能运用工具书之前，自己已经具备了很多知识。因此，工具书对矫正无知的功能是有限的，它并不能帮助文盲，也不能代替你思考。

一、读者要有自己的想法

要善用工具书，读者必须有一些想法，不管是多模糊的想法，那就是你想要知道些什么。换句话说，你一定要能对工具书问一个明智的问题。否则，如果你只是彷徨迷失在无知的黑幕中，工具书也帮不上你的忙。

二、要知道在哪里找到答案

你要知道自己问的是哪一类的问题，而哪一类的工具书是回答这类问题的。没有一本工具书能回答所有的问题，无论过去或现在，所有的工具书都是针对特定问题而来的。事实上，在你能有效运用工具书之前，你必须要对主要类型的工具书有一个全盘的了解。在工具书对你发挥功用之前，你必须知道这本书是怎么组织的。如果你不知道如何使用这本工具书的特殊功能，那就无助于你知道自己想要的是什么，也不知道该用哪种工具书。因此，阅读工具书跟阅读其他的书籍一样，也是有阅读的艺术的。

此外，编辑工具书的技巧也有关系。作者或编者应该知道读者在找的是什么样的资料，然后编排出读者需要的内容。不过，他可能没办法先预测到这一点，这也是为什么这个规则要你在阅读一本书之前，先看序言与前言的原因。在阅读工具书时也一样，要看完编辑说明如何使用这本书之后，才开始阅读内容。

三、工具书并不能回答所有的问题

你找不到任何一本工具书，能同时回答在托尔斯泰的《人类的生活》中，上帝对天使提出的三个问题："人类的住所是什么?""人类缺乏的是什么?""人类何以为生?"你也没法找到托尔斯泰另一个问题的答案，这就是："一个人需要多大的空间?"这类问题可说是不胜枚举。只有当你知道一本工具书能回答哪类问题，不能回答哪一类问题时，这本工具书对你才是有用的。这个道理也适用于一般人所共同认同的事物。在工具书中你只能看到约定俗成的观念，未获得普遍支持的论点不会出现在这种书中，虽然有时候也会悄悄挤进一两则惊人之论。

在工具书中可以找到人的生卒年份，以及类似的事实。工具书能定义字或事物，以及描绘任何历史事件。然而，一些道德问题，有关人类未来的问题等等，这类问题却无法在工具书中找到答案。我们假定在我们生活的时代，物质世界是有秩序的，因此所有东西都可以在工具书中找到。但是事实并非如此，因此历史性的工具书就很有趣，因为它能告诉我们，在人类可知的事物中，人们的观点是如何变迁的。

要明智地运用工具书，你必须知道你想要找的是什么，在哪一种工具书中能找到这样的东西。你也要知道如何在工具书中找到你要的资料，还要能确定该书的编者或作者知道哪个答案。在你使用工具书之前，这些都是你应该清楚知道的事。对一无所知的人来说，工具书可说是毫无用处。

第二节 善用字典，找到答案

字典是一种工具书，字典中充满了晦涩的知识、睿智繁杂的资讯。世上最早的字典是关于荷马书中专门用语的字典，以帮助罗马人阅读《伊利亚特》及《奥德赛》，及其他同样运用荷马式古典字汇的希腊书籍。同样的，今天我们也需要专门用语字典才能阅读莎士比亚，或是乔叟的书。

中世纪出现了许多字典，通常是有关世界知识的百科全书，还包括一些学习论述中最重要的技巧的讨论。在文艺复兴时期，出现了外语字典（希腊文与拉丁文双语），因为当时主要的教育是用古代语言教学的，事实上也必须有这类字典才行。纵使意大利语、法语、英语慢慢取代拉丁文，成为学习使用的语言，追求学问仍然是少数人的特权。在这样的情况下，字典是只属于少数人的读物，主要用做帮助阅读与写作重要的文学作品。

一、字典是阅读的工具

我们可以看出来，从一开始，教育的动机便左右了字典的编排，当然，保留语言的纯粹与条理是另一个原因。就后一个原因而言，有些字典的目的却刚好相反，像《牛津英语字典》，开始于 1857 年，就是一个新的里程碑。在这本字典中不再规定用法，而是精确地呈现历史上出现的各种用法，最好的与最坏的都有，同时取材自通俗作品与高雅的作品。毕竟，不论字典是如何编辑的，主要目的还是教育的工具。

这个事实与善用一本字典，当作外在辅助阅读工具的规则有关。阅读任何一本书的第一个规则是：知道这是一本什么样的书。也就是说，知道作者的意图是什么，在他的书中你可以看到什么样的资讯。如果你把一本字典当做查拼字或发音的指南，你是在使用这本书，却用得不够好。如果你了解字典中富含历史资料，并清楚说明有关语言的成长与发展，你会多花点注意力，不只是看每个字下面列举的意义，还会看看它们之间的秩序与关系。

最重要的是，如果你想要自己进修，可以依照一本字典的基本意图来使用，当作帮助阅读的工具，否则你会觉得太困难了。因为在字典中包含了科技的字汇、建筑用语、文学隐喻，甚至非常熟悉的字的过时用法。

当然，想要读好一本书，除了作者使用字汇所造成的问题外，还有许多其他的问题。第一次阅读一本难读的书时，最好不要一手拿着书，另一手拿着字典。如果一开始阅读你就要查很多生字的话，你一定会跟不上整本书的条理。字典的基本用途是在你碰到一个专业术语，或完全不认识的字时，才需要使用上。即使如此，在你第一次阅读一本好书时，也不要急着使用字典，除非是那个字与作者的主旨有很大的关联，才可以查证一下。

需要注意的是，字典的编纂者可能是用字的权威专家，却不是最高的智慧根源。另一条需要指出的是：不要囫囵吞枣地将字典背下来。不要为了想立即增进字汇能力，就将一连串的生字背下来，那些字义跟你的实际生活经验一点关联也没有。简单来说，字典是关于字的一本书，而不是关于事的一本书。

二、一本好的字典能回答有关文字的问题

如果我们知道了这些，便可以推衍出一些明智地使用字典的规则。于是我们可以从四个方面来看待文字：

1. 文字是物质的

文字可以写成字，也可以说出声音。因此，在拼字与发音上必须统一，虽然这种统一常被特例变化所破坏，但并不像某些老师所说的那样重要。

2. 文字是语言的一部分

在一个较复杂的句子或段落的结构中，文字扮演了文法上的角色。同一个字可以有多种不同的用法，随着不同的谈话内容而转变意义，特别是在语音变化不明显的英文中更是如此。

3. 文字是符号

文字是符号这些符号是有意义的，不只一种意义，而是很多种意义。这些意义在许多方面是互相关联的。有时候会细微地变化成另一种意义，有时候一个字会有一两组完全不相干的意义。因为意义上的相通，不同的字也可能互相连接起来，就像同义字，不同的字却有同样的意义。或是反义字，不同的字之间有相反或对比的意义。此外，既然文字是一种符号，我们就将字区分为专有名词与普通名词（根据他们指的是一件事，或是很多事），具体名词或抽象名词（根据他们指的是我们能感知的事，或是一些我们能从心里理解

却无法由外在感知的事）。

4. 文字是约定俗成的

文字是人类创造的符号。这也是为什么每个字都有历史，都有历经变化的文化背景。从文字的字根、字首、字尾，到词句的来源，我们可以看出文字的历史，包括了外形的变化，在拼字与发音上的演变，意义的转变，哪些是古字、废字，哪些是现代的标准字，哪些是习惯用语，或口语、俚语。

一本好的字典能回答这四个不同类型的有关文字的问题。要善用一本字典，就是要知道问什么样的问题，如何找到答案。字典应该告诉你如何找到答案。字典告诉你要注意什么，如何诠释不同的缩写字以及有关文字符号的知识，因此，字典是一种完美的自修工具书。

第三节 运用百科全书来辅助阅读

百科全书是一种好玩的读物，既有丰富的知识量，又有娱乐消遣价值。许多人用字典找出一个字的拼法与读法。百科全书相似的用法是查出时间、地点等简单的事实。但如果只是这样，那是没有善用或误用了百科全书。就跟字典一样，百科全书也是教育与知识的工具。

虽然"百科全书"这个词来自希腊文，希腊却没有百科全书，同样地，他们也没有字典。百科全书这个词对他们来说，并不是指一本有关知识的书，或是沉淀知识的书，而是知识的本身，所有受过教育的人都该有的知识。

一、查看引言和索引

使用百科全书，读者必须依赖编者的帮忙与建议。任何一本好的百科全书都有引言，指导读者如何有效地运用这本书，一定要按照这些指示阅读。通常，这些引言都会要使用者在翻开字母排列的内容之前，先查证一下索引。在这里，索引的功能就跟目录一样，不过并不十分理想。因为索引是在同一个标题下，把百科全书中分散得很广，但是和某一个相关主题有关的讨论都集中起来。这反映一个事实，虽然索引是照字母排列的，但是下一层的细分内容，却是按照主题编排的。而这些主题又必须是按字母排列的，虽然这也并不是最理想的编排。因此，一本真正好的百科全书，像《大英百科全书》的索引，有一部分就可以看出他们整理知识的方法。因为这个原因，读者如果不能善用索引，就无法让百科全书为己所用。

二、百科全书记载的是事实

就跟字典一样，百科全书是拿来阅读好书用的，坏书通常用不着百科全书，但是同样的，最聪明的做法是不要被百科全书限制住了。百科全书不是拿来解决某个不同观点的争论用的。不过，倒是可以用来快速而且一劳永逸地解决相关事实的争论。从一开始，事实就是没有必要争论的。一本百科全书会让这种徒劳无益的争吵变得毫无必要，因为百科全书中所记载的全是事实。理想上，除了事实外，百科全书里应该没有别的东西。虽然不同的字典对文字的说明有同样的看法，但是百科全书对事实的说明却不尽相同。因此，如果你真的对某个主题很感兴趣，而且要靠着百科全书的说明来理解的话，不要只看一本百科全书，要看一种以上的百科全书，选择在不同的时间被写过很多次的解释。

　　百科全书在说明一个事实时，会用一组文字来表达。如："亚伯拉罕·林肯出生于 1809 年 2 月 12 日"或"金的原子序是 79"，事实不像文字那样是物质的，但事实仍然需要解释。为了全盘地了解知识，你必须知道事实的意义，这个意义又如何影响到你在找寻的真理。如果你知道的只是事实本身，表示你了解的并不多。事实是一种"真实"的说法，事实不是观点。当有人说："事实上……"的时候，表示他在说的是一般人同意的事。他不是说，也不该说，以他个人或少数人的观察，得来的事实是如此这般。一本百科全书如果包含了编者未经证实的观点，就是不诚实的做法。虽然一本百科全书也可能呈现观点（比如说某些人持这样的主张，另一些人则又是另一种主张），但一定要清楚标明出来。由于百科全书必须只呈现事实，不掺杂观点，因而也限制了记载的范围。它不能处理一些未达成共识的主题，比如道德的问题。如果真的要处理这些问题，只能列举人们各种不同的说法。

　　事实是真相的反映。事实可能是一个资讯，也可能是不受怀疑的推论。不管是哪一种，都代表着事情的真相。比如，林肯的生日是一个资讯，金原子的序号是一个合理的推论。因此，事实如果只是对真相提出一点揣测，那就称不上是观念或概念，以及理论。同样地，对真相的解释（或部分解释），除非众所公认是正确的，否则就不能算是事实。

三、百科全书辅助阅读，但不能提供答案

如果新理论与某个主题、个人或学派有关时，即使这个理论不再正确，或是尚未全部证实，百科全书仍然可以完全或部分呈现。比如，我们不再相信亚里士多德对天体的观察是正确的，但是在亚里士多德的理论部分我们还是可以将它记录下来。

事实在某种程度上也受到文化的影响。比如一个原子能科学家在脑中所设定的真实是十分复杂的。因此对他来说，某些特定的事实就跟在原始人脑中所想象与接受的不同了。这并不是说科学家与原始人对任何事实都无法取得共鸣。比如说，他们都会同意二加二等于四，物质的整体大于部分。但是原始人可能不同意科学家所认为的原子核微粒的事实，科学家可能也不同意原始人所说的法术仪式的事实。

如果你记住前面有关事实的叙述，一本好的百科全书会回答你有关事实的所有问题。将百科全书当作辅助阅读的艺术，也就是能对事实提出适当问题的艺术。就跟字典一样，我们只是帮你提出问题来，百科全书不会提供答案的。

还要记得一点，百科全书不是追求知识最理想的途径。你可能会从其中条理分明的知识中获得启发，但就算是在最重要的问题上，百科全书的启发性也是有限的。理解需要很多相关条件，在百科全书中却找不到这样的东西。因此在求知的过程中，百科全书无法让人完全满意，也就不可避免了。

第四节　教科书为主，参考书为辅

　　教科书是老师教、学生学的共同依据，也是老师考核学生的主要依据。如果不认真钻研教科书，不认真完成教科书所提出的基本要求，就无法掌握好基本的基础知识，也不容易使基本能力得到提高。抓住了教科书，也就抓住了基础和根本，这也正是优秀学生的聪明之处。

一、高度重视教科书

　　优秀生在学习时很重视教科书的使用，他们知道，教科书是教育部门组织专家、学者、有经验的老师依据教学大纲，根据知识的科学体系，针对学生的年龄特点和社会发展的需要而编写的。一般写得非常精练、严谨和深刻，是一般参考书无法代替的。

　　有些学生的教科书，学完以后看上去像一本新书一样，这不仅仅是因为保管得好，更重要的是他很少使用教科书，造成学习时抓不住要点，落后于别人。由于课后复习时看教科书已不是初学，而是在预习、听讲和回忆的基础上进行的，因此对于上课已经明白和记住的部分，就不必再花很多时间了，要把时间花在回忆时想不起来、记不清楚、印象模糊的部分。

　　看书时，可用彩笔把书上的重点部分、新概念或容易忽略的部分勾画标出，在书的四周空白处记下简要的体会，高度概括课文内容的语言以及有利于记忆、带提示性的语句，以便以后再看时，能迅速抓住要点，回忆起关键的内容。另外，在书上每出现一个新概念，都可以在教科书空白处的相应位置上把概念的名称写出来。这样，教科书又成了一本字典，复习时查找起来很方便。

有些学生，平时看书不注意对教科书进行上述"加工"，结果在考试复习时找不到重点，不知道该看哪部分好，所以只好从头看起，结果弄得复习时间不够用，只得开夜车。有的学生在考前为了查找一个概念、一个公式，急得满头大汗，这时你若拿过他的教科书一看，还像本新书一样洁净，难怪他无处可寻了。

二、参考书作为辅助

参考书，就是围绕老师讲课的中心内容找来的课本以外的书，以课本为中心进行阅读。由于时间有限，参考书不必从头到尾一字不落地去看，要有选择地看。看到和老师讲解一样的内容就一扫而过；看到对同一问题从不同角度进行阐述的，就仔细阅读，加以比较，学会从不同角度、用多种方法解决同一问题。这样更有利于加深对课内知识的理解。开始时可以请老师帮助推荐参考书。看参考书的时间、精力、量的多少要根据每个人的具体情况决定。有时间就做这一步，时间多就多看一点儿，时间少就少看一点儿。现在，学习参考书很多，应当怎么使用这些参考书呢？

要选好参考书。每门课程有一本主要参考书就可以了，其他的可以作为一般性参考。至于哪一本书作参考书最好，可以请教老师或高年级的学生。

要在阅读教科书并对所学知识有了基本了解之后，再去看参考书。当然，有时教科书有一些难点，自学有一定的困难，这时，也可以先去看参考书，然后再去看教科书。有一个优秀生在总结他的学习经验时说："我觉得应该以课本为中心，在把课本弄懂弄通的基础上，再去看课外书，以便加深对课内知识的理解。"这条经验是可取的。

要围绕学习的中心内容去看参考书的相关部分。有一个大学生回忆他在中学的学习时说："晚上，我至少要找出五六本书来对照着看老师讲的某项内容，此时看书可以说是一目十行，看到和老师讲得一样的，一扫而过。凡是看到从不同角度加以解释的，我就仔细阅读，争取学会从不同角度，用多种方法对同一问题加以理解，这样不仅加深了对原来概念的理解，而且又学到了许多新知识，更主要的是掌握了看书的方法，养成了看书的习惯。"由于他能正确地对待参考书，所以他的知识面广，学得也很活。

拿到一本参考书，可以先大致翻一翻，了解一下基本内容。真正阅读时，则应当以老师讲授的内容，或自己发现的疑问为中心，先看主要参考书的有关部分，至于别的参考书的相应部分，一般大同小异，只要抓住每本书的长处，博采众长就可以了，不必每本都精读一遍。

当然，看完参考书之后，不要忘了把精彩的内容、精彩的题目摘进笔记本相应部分的副页当中。如果参考书是自己的，而没有时间摘录，起码也应当把有关内容的出处记在笔记本上，以便再用时能迅速查到。

看参考书的时间要灵活掌握。在作业不多、时间充足的情况下，可以在课后复习时进行，然后再做作业。这样做的好处是，对做作业有用的知识会钻研得更加透彻，做作业的难度也会大大下降，完成作业的速度将大大加快。在一般情况下，由于作业的压力，阅读参考书只好在完成作业后进行，那就要根据所剩时间的多少，来决定看与不看，或者看多少参考书。在学习获得了主动权后，看参考书的时间也会逐渐增多，这会促使知识掌握向深度、广度发展，使学习逐渐形成良性循环。

第八章　帮助青少年克服阅读障碍

　　阅读障碍是由大脑的阅读功能发展落后，或者说是大脑阅读功能与其他功能的不平衡导致的。在中国，阅读障碍症状不明显，呈隐性表现，因而并不受到家长重视。实践中，我们发现家长经常抱怨孩子写作业拖拉、马虎等。读写能力是学习的基础。许多儿童智商很高，而学习成绩却不理想，这往往与读写能力落后有关。据统计，在所有学习障碍儿童中，在读写或者语言的接受与表达方面落后的人要远远多于那些数学成绩不好的人。在被诊断为患有学习障碍的儿童中，大约有80.9%是与读写落后有关的。所以作为老师和家长，我们要对阅读障碍有足够的重视，并通过一些训练方式帮助青少年克服阅读障碍，从而提高读写能力。

第一节　阅读理解障碍的解读

　　阅读理解障碍，是指青少年在阅读时，能够对字词进行正常的解码（所谓解码，就是把视觉上呈现的汉字，转换为读音的过程），拥有正常的词汇量（词汇量是指已经掌握的词汇的数量，这种掌握体现在能够识别视觉所呈现的汉字的意义），但是在对文章意义的理解上表现出严重的落后，这种落后不是智力落后、器质性损伤（比如生产时脑缺氧）或情绪问题（比如厌恶阅读）造成的。

　　对这一定义有两种解释，一种认为，有阅读理解障碍的青少年，其智力水平、解码水平和词汇量属于正常水平，而阅读理解水平落后；另一种认为，有阅读理解障碍的青少年，其智力和阅读理解水平都是正常的，只是他们的解码水平和词汇量超常发展，相比之下，其阅读理解水平表现出了落后。在大部分情况下，青少年的阅读理解障碍属于第一种情况。

一、阅读障碍的现状

　　在阅读时，有阅读理解障碍的青少年经常能够将一篇文章流利地朗读出来，但读完之后，脑中一片空白，不知道文章讲的是什么，只记住了文中的一些片段。当被问到一些问题时，也很茫然。这类青少年在西方国家非常普遍，教育工作者称之为"读词者"，即只会读词，却不理解的人。研究表明，大约有10.7%的中年级青少年有阅读理解障碍的症状：正确而流利的读词水平，严重落后的阅读理解水平。

　　在中国，则有上百万的学龄青少年存在阅读理解障碍。它不仅影响到阅读本身，还会产生一系列连锁反应，主要表现在两个方面：一是影响青少年的写作水平，因为写作时使用的写作框架、写作词汇等都来源于曾经阅读过的文章，也就是说，阅读是写作的基础，一个有阅读理解障碍的青少年，必然也是一个有写作障碍的青少年。二是影响青少年解应用题的能力。对应用题题意的理解，需要一定的阅读理解水平，有阅读理解障碍的青少年自己阅读应用题时往往不会解题，但是当别人把应用题读出来时，他就会解题了。这是因为他的阅读理解水平非常落后，阅读应用题耗费了他大量的注意力，而没有更多的注意力来理解题意和加工数理符号；而别人读给他听，减轻了他在阅读理解上的负担，从而把大部分注意力解放出来了。

二、不良的阅读方式

在阅读中，我们经常发现青少年有一些不良的阅读方式，比如注意力不集中，"思想开小差"，用尺子比着，一行一行地向下移，一边阅读，一边玩弄钢笔、尺子、钥匙等，不时地发出响声，一边阅读一边抖动双腿等等。这些不良的阅读方式直接影响青少年的阅读思路，降低其阅读速度，应及时加以纠正。

1. 音读

许多孩子阅读时都会出声。出声阅读的主要弊病就是阅读速度和效率受到说话速度的限制。因为正常默读速度几乎要比出声朗读的速度快两倍以上。出声阅读往往以不同的形式表现出来，有时仅仅是无声地动动嘴唇，有时甚至连嘴唇也不动，只是舌、喉在活动。这时，只要用手指触摸声带部位，就能很容易地觉察到声带的振动。嘴唇的活动无疑会影响眼睛的扫视速度，"一个有效率的读者能够一看到印刷符号，就直接获得意思，而不经过声音阶段"。因此，要克服这种不良的阅读方式，就要训练、养成通过视觉器官直接感知文字符号的视读能力。

2. 心读

心读是一种很难观察到的阅读方式。心读时，人体的任何部位，不论嘴、头或声带，都没有动，只存在一种说话的内在形式，读者在心里始终自言自语，清晰地发出并听着每一个字音。这也是一种不好的阅读方式，它直接影响阅读的速度和效率，并且矫正起来也比较困难。让孩子在强制自己深入理解文章内容的同时，又强制自己加快阅读速度，一般能帮助他们逐渐克服这种不良的方式。

3. 指读

指读是指用手指、铅笔或尺子等指着一个个词进行阅读。单纯机械地运用指读不仅会减慢阅读速度，而且还会把孩子的注意力引向错误的方向。一个高效率的阅读者不会注意单词的位置，也不会在每个单词上都花费时间，而是把注意力集中在作者要阐明的思想内容上。指读实际上妨碍了眼睛运动并限制了大脑的快速活动能力。因此，必须克服这种不良的阅读方式，逐渐养成用脑瞬间反映文字信息的能力。

4. 复视

复视指的是读完一个句子或段落后回过头去重复阅读。阅读能力差的学生往往过分依赖于复视。改变这种不良方式的办法就是让孩子阅读大量难度适宜的读物，他就不会因遇到生词或不太懂的短语、句子、段落而回过头来再看，从而养成复视的方式。

5. 头的摆动

阅读时头部下意识地左右摆动也是一种不良的阅读方式。在阅读过程中，学生往往尽量使自己的鼻尖对准他正在读的每一个字。这样，当他顺着一行字往下读时，他就会轻微地摆动头部。这种头的摆动，学生往往意识不到，而这种不必要的动作往往对阅读速度产生影响。因此，必须克服这种毛病，养成阅读时只移动视线。

第二节　阅读障碍的评估

通俗地说，阅读障碍是指儿童智力正常或超常，但在阅读成绩上显著落后的现象。究竟落后到什么程度才算是阅读障碍呢？一般是以阅读成绩落后一到两个年级作为标准，也就是说，以标准化的阅读测验测试儿童，患有阅读障碍的儿童的成绩低于其他同龄儿童的平均水平，只达到低年级儿童的平均水平。具体来说，我们可以通过以下方式进行评估。

一、行为评估

在日常学习中，我们可以从青少年在阅读中的表现，大概判断他是否存在阅读理解障碍。有阅读理解障碍的青少年，往往会有以下几种表现：喜欢看有图画的书，如小人书，往往根据图画来理解文章的意义；能够阅读一些故事类的文章，但很难读懂说明文等没有情节的文章；阅读时，往往逐字地读，连读比较困难；阅读时，往往借助手指，边指边读；阅读完了，不能回忆文章的内容，或者回忆量非常小；能够回答一些浅显的问题，但对于需要推理的问题，则只能凭借猜测；做应用题困难，而一旦有人读题，就没有问题了。

一般而言，阅读理解障碍青少年非常不愿意阅读，他们在阅读时，往往注意力不集中。相对而言，他们更喜欢动手活动，更喜欢具体的、直观的任务。

二、测验评估

正确评价青少年的阅读理解水平，仅仅凭借行为上的判断，是远远不够的，还需要进行标准化的阅读理解测验。课堂上经常有一些阅读测验，虽然可以从一个侧面考察青少年的阅读理解水平，但它们不是标准化测验，文章和题目都不全面，往往难以准确考察青少年的阅读情况。在标准化的阅读理解测验中，选题必须要全面、合理。

一般而言，测验题目主要反映两个方面的理解水平：获取信息的水平，获取信息是指读者根据文章所掌握和记忆的内容，它包括记忆信息和内部推理信息（为了理解课文必需的推理）；根据获取的信息，解决某些假设性问题的水平（我们称之为外部推理）。

三、标准化阅读理解测验节选

1. 低年级阅读理解测验（适合于一二年级）

《狐狸和狼》

狐狸在路上遇见了狼。狼暗暗高兴，想吃掉它。狼假装和狐狸打招呼。狼对狐狸说："你干什么去呀？"狐狸知道狼的心思，就说："我看亲戚去。"狼说："我们两个一块儿走好吗？"狐狸说："怎么是两个呢？后面还有只猎狗啊！"狼听了，赶快逃走了。

问题：

如果猎狗和狐狸打架，谁会赢呢？（外部推理）

下面哪句话是正确的？（记忆）

A. 文中出现的动物有3个　　B. 狼和狐狸不是好朋友

C. 狐狸不知道狼想吃它

根据文章，狐狸的心情最可能是怎么样的呢？（内部推理）

A. 一直很害怕　　B. 先害怕，后来高兴

C. 先高兴，后来害怕

2. 中年级阅读理解测验节选（适合于三四年级）

《一枚硬币》

两个年轻人一同找工作，一个是英国人，一个是犹太人。一枚硬币躺在地上，英国青年看也不看就走了过去，犹太青年却激动地将它捡起。英国青年对犹太青年的举动露出的表情：一枚硬币也捡，真没出息！犹太青年望着远去的英国青年心生感慨：让钱白白地从身边溜走，真没出息！两个人同时走进一家公司。公司很小，工作很累，工资也很低，英国青年不屑一顾地走了，而犹太青年却高兴地留了下来。两年后，两人在街上相遇，犹太青年已成了老板，而英国青年还在寻找工作。英国青年对此感到不可理解，说："你这么没出息的人怎么会这么快就发了？"犹太青年说："因为我没像你那样绅士般地从一枚硬币上迈过去。你连一枚硬币都不要，怎么会发大财呢？"英国青年并非不要钱，可他眼睛盯着的是大钱而不是小钱，所以他的钱总在明天，这就是问题的答案。

问题：

第三句中，英国青年对犹太青年是什么感情？（内部推理）

A. 瞧不起　　B. 惊讶　　C. 佩服　　D. 愤怒

最后一句"他的钱总在明天"是什么意思？（内部推理）

A. 他明天才会有钱　　B. 他不去挣眼前的小钱　　C. 他不要今天的钱　　D. 他希望挣大钱

这篇文章想说明什么样的道理？（内部推理）

A. 犹太人懂得如何挣大钱　　B. 想挣大钱，必须从挣小钱开始

C. 想挣大钱，必须珍惜硬币　　D. 遇到硬币时一定要捡起来

3. 高年级阅读理解测验节选（适合于五六年级）

《成功》

1965年，一位韩国学生到剑桥大学主修心理学。他常到学校的咖啡厅或茶座听一些成功人士谈天。他们当中有诺贝尔奖获得者，有某一领域的学术权威和一些创造了经济神话的人。这些人风趣幽默，举重若轻，把自己的成功看成非常自然和顺理成章的事。时间长了，他发现，在国内他被一些成功人士欺骗了。那些人为了让正在创业的人知难而退，普遍把自己的创业艰辛夸大了。他们正用自己的成功经历吓唬那些还没有成功的人。于是他对韩国成功人士的心态加以研究。最终，他把《成功并不像你想象的那么难》一书作为毕业论文，提交给现代经济心理学的创始人威尔·布雷登教授。教授大为惊喜，认为这是一个新发现，这种现象虽然普遍存在，但在此之前还没有一个人大胆将之提出来并加以研究。

后来这本书伴随着韩国的经济起飞流传开来，鼓励了许多人。它从一个新的角度告诉人们，成功与"劳其筋骨，饿其体肤"、"三更灯火五更鸡"、"头悬梁，锥刺股"没有必然联系。只要你对某一事情感兴趣，长久坚持下去就会成功，因为上帝赋予你的时间和智慧足够你圆满地做完一件事情。后来，这位青年也获得了成功，他成了韩国泛亚汽车公司的总裁。我没有读过这本曾在韩国引起轰动的书，但凭我的人生经历，我已经感知到了它要说的一些道理：人生中的许多事，只要想做，都能做到；用不着钢铁般的意志，更用不着什么技巧和谋略，只要一个人朴实而饶有兴趣地活着，他终究

会发现，造物主对世事的安排，都是水到渠成的。

问题：

在下面四个因素当中，哪两项是成功必需的？（记忆）

A. 悬梁，锥刺股　　B. 对事业感兴趣　　C. 坚持不懈

D. 时间和智慧

韩国的成功人士对成功有什么样的观点？（内部推理）

A. 成功并不像想象的那么难　　B. 成功需要对某一事情感兴趣

C. 成功需要付出很大的艰辛　　D. 成功是非常自然和顺理成章的事

《成功并不像你想象的那么难》对成功的观点是什么？（内部推理）

A. 只要想做，都能做到　　B. 坚持做感兴趣的事情就能成功

C. 成功是非常容易的　　D. 成功只需要上帝赋予人的时间和智慧

如果这个韩国学生是在国内听成功人士谈天，他最有可能写什么书？（外部推理）

A.《成功并不像你想象的那么难》　　B.《成功是汗水的结晶》

C.《兴趣是成功的钥匙》　　D.《你想成功就能成功》

第三节　阅读障碍产生原因及对策

书面阅读首先需要把视觉词汇解码为语音信息，对词汇意义进行识别、加工，然后把词汇连贯成句子，把句子连贯成完整的文章

信息，在这种连贯的加工活动中，需要推理加工和必要的语音工作记忆容量，以及必要的理解监控活动。由于阅读理解活动包括这样一系列复杂的认知加工活动，其中任何一种存在缺陷，都可能会导致青少年产生阅读理解障碍。

一、解码速度慢

解码是把视觉词汇转化为语音和意义的过程。有的孩子词汇量正常，但在每个词语的解码上速度很慢，一般是一个字一个字地往外蹦，很难连贯地阅读，更谈不上一目十行地阅读了。也就是说，他们的解码没有达到自动化，还需要花很大努力。

为什么说解码自动化与否会影响到阅读理解水平呢？有两个方面的原因：解码速度越慢，阅读文章的时间就会越长，从而造成对记忆内容的遗忘，很多孩子读了后面的内容就忘了前面的内容。解码没有达到自动化，就需要更多的努力，而人的注意力资源本来就是有限的，解码耗费的注意力资源越多，用来理解文章意义的资源就越少。所以，提高青少年的解码速度，是提高青少年阅读理解水平的基本环节。

解码的速度，通常用反应时来衡量，比如从某个汉字呈现开始，到读出该字的发音，中间的时间间隔就是命名（读出汉字的名）反应时。命名反应时，与阅读理解的成绩密切相关，一个命名速度很慢的人，他的阅读理解水平必然会受到严重的影响；而命名速度快的人，就能在短时间内阅读到更多的信息，所以阅读越快的人，阅读理解水平往往也越高。

对策：训练青少年的解码速度

方法一：在电脑上呈现一些汉字，这些汉字不能构成一句完整的话，比如"周末要走会引起猜疑……"，每次所呈现的汉字，可以从 50 个开始，以后越来越多。呈现开始后，让青少年立刻大声读出来，并记录读完所有汉字所用的时间，将所用的时间除以汉字的个数，就是青少年这次解码的速度，比如所用时间是 40 秒，汉字是 50 个，解码速度就是 40/50 = 0. 8。

方法二：解码材料不是单一的汉字，而是掺杂了一些数字或图片，比如"奇 2 有日 6……"或者"五丫欧又……"，这样的解码材料难度较大，需要在汉字和其他符号之间不断转化。

计算解码速度的方法和方法一相同，即用所用时间除以汉字的个数（不包括数字等其他符号）。

二、词语意义加工困难

每个孩子的大脑里都有一部词典，专门用来储存词语。这部词典如同一个大柜子，有许多抽屉，有的抽屉储存词语的视觉形状，有的抽屉储存词语的发音，而有的抽屉则储存着同语的意义。这些抽屉都是相连的，打开某个抽屉，其余的抽屉也跟着打开，这些抽屉相连的程度，与阅读水平有关，抽屉相连程度越高，阅读水平越高。阅读理解的最终目的，是对文章意义的理解，而对词语意义的加工是基本环节。

词语意义的加工，主要体现在以下几个方面：

1. 词语意义的激活程度

词语意义的激活程度指从看到一个词语到知道该词语的意义的间隔时间。有的孩子读到某个词语时，想半天才知道该词语的意义，这就影响到后来的意义整合。

2. 对词语意义的筛选

因为汉语中存在大量的一词多义现象，一个词往往有多个意思，阅读时需要快速确定词语的准确意思，因此，根据文章的语境，快速推理、判断词语的意义，对于阅读理解非常重要。

3. 词语之间联系的紧密度

青少年掌握的词语之间联系越紧密，词语加工水平就越高。而有的青少年虽然掌握了一定的词汇量，但各个词语之间缺乏有效的联系，这导致他们在阅读时，很难激活词语意义。因此，青少年在词语学习时，不仅要记住词语本身的意义，更为重要的是，要将学过的词语与其他词语建立联系。反义词和同义词的训练，其目的就是增加词语之间的联系。

对策：训练青少年的词语意义加工能力

方法一：词语连珠

这是一种词语接龙训练，它主要有两种形式：

重叠字接龙，比如，夏天，天下，下车，车子，子女，女孩……

意义接龙，比如，夏天，春天，气候，风沙，温度……

方法二：语义流畅性训练

告诉青少年一种类别，比如"蔬菜"，让青少年快速说出所有属于该类别的事物，比如"黄瓜、菠菜、西瓜、番茄……"并记录所说出的个数，尽量鼓励青少年多说、快说。

三、语音工作记忆缺陷

记忆是一种对信息的保持和提取的能力。而工作记忆，则是在某种认知加工的同时，对信息的保持和提取，比如在和别人交流时，一边理解对方的话语，一边记住对方所讲的内容。在现实生活中，几乎不存在单纯的记忆，每种记忆都伴随着其他活动，所谓记忆，就是工作记忆。在阅读文章时，我们要把先读过的内容，保持在大脑里，然后再阅读后面的内容。如果阅读中遇到困难，我们就要重新提取先前的内容。可见，阅读过程包含了工作记忆。由于阅读信息主要是以语音的性质保存的，因此，语音的工作记忆活动就成为阅读理解的一个基础要素。如果语音工作记忆容量过小，阅读时就会出现边读边忘的现象，从而导致阅读理解障碍。

另外，工作记忆容量小，除了导致对文章信息的遗忘外，还会导致推理水平的降低。在阅读中，推理是一种语言推理，它需要不断提取储存在工作记忆中的内容，推理水平直接受到语音工作记忆容量的制约。

对策：判断青少年语音工作记忆容量的大小

数字工作记忆任务：让青少年大声读一串数字组，每组包含3个数字，读完之后，按顺序回忆出每组的最后一个数字（如读835－402，回忆5－2），以最终能正确回忆的数字组的组数作为工作记忆广度的指标。比如，当数字组的组数为3时，青少年能够正确回忆出每组的最后一个数字（如读514－793－235，回忆4－3－5），而当数字组的组数为4时，青少年就无法回忆每组的最后一个数字了，这样，该青少年的语音工作记忆容量为3。还有一种简单的数字工作记忆任务，即给青少年读一串数字，让青少年倒着背出来，比如，数字串是 5 – 7 – 8 – 2，青少年则要回忆：2 – 8 – 7 – 5。青少年能够倒着背出来的数字个数，就是该青少年的工作记忆容量。

语音工作记忆容量：给青少年读几个句子，让他理解每个句子，并记住每个句子的最后一个词，读完之后，让他回忆出每个句子的最后一个词。比如，读"今天天气晴朗——飞机还没有起飞——春天有很多花朵"，回忆"晴朗——起飞——花朵"。如果青少年能够正确回忆出每个词汇，再随机问他一个问题，比如"飞机起飞了吗"，如果他能正确回答，那么他对此题的回忆是有效的。把青少年能够回忆出来的最多的句子个数，作为其语音工作记忆容量。如果是 3 个句子，他能够正确回忆，而 4 个句子，他就不能正确回忆，那么他的工作记忆容量就是 3。

四、元认知理解缺陷

元认知，就是对认知的认知。比如，阅读是一种认知活动，而对阅读活动的评价就是一种元认知活动。阅读理解的元认知就是对理解过程的监控。如果缺乏这种监控，仅仅是单纯的阅读，很容易造成阅读理解障碍。

在阅读时，理解监控就是一个自我询问的过程，我们要不断地问自己：我理解了吗？哪些是我不理解的？我怎样才能达到理解？有的青少年缺乏理解监控的意识和能力，盲目阅读，读完之后，并不清楚自己的理解情况，当被问到是否理解了，他们总是会回答理解了，但一到测试，就完全不是那么回事儿。

除了理解监控外，对阅读目的的认识，也是一种阅读理解的元认知。有一项调查研究，设计了四个问题：你认为阅读是什么？你认为别人为什么阅读？你为什么阅读？你把阅读当作什么？有阅读理解障碍的青少年，往往把阅读视为一项被迫的任务，他们讨厌阅读，认为阅读的目的不是从文章中获得意义，而是单纯读出发音。

第四节　改变阅读方式

青少年患有阅读障碍主要是因为涉及文字与声音转换的基本认知过程比较落后。如果我们针对阅读障碍青少年的弱项，改变他们固有的阅读方式，用特殊的、适合他们大脑发展特点的阅读方式代替传统的阅读方式，就可以取得事半功倍的效果。

一、听助读

对于那些视觉加工方面存在缺陷的阅读障碍青少年，只有书面文字刺激会让他们感到枯燥和艰难。一行行整整齐齐的方块字在他们眼里，就像是一排排长得差不多的蚂蚁。如果他们的识字量又很低，那么即使是用手来协调阅读，对他们来说，那也是一件很难的事情。让他们在短时间内实现书面文字的形状到字的发音和字义的联系，并且连续进行阅读，注意力的分配又是一个问题。在这个过程中，让孩子有效地建立起字形与字音、字义的联系是克服阅读障碍的关键。针对这些孩子的特点，可以使用听助读的方法。

1. 听助读的解读

所谓听助读，就是让孩子通过听和读的结合来理解文章的意义，具体的做法是将一篇文章用标准语言录制下来，让孩子边听边跟着读，通过模仿磁带里的发音来帮助实现阅读的流畅性。这种方法对于单词量过少、生字较多的孩子非常有效，可以使他们通过声音的辅助，直接发音。在国外这种技术已经比较成熟，书店中经常可见到听助读的读物，如磁带书等。国外其至还有一些专门的教育政策，允许患有阅读障碍的学生通过口头报告，而不是书面报告的形式来进行考试。

2. 听助读的优势

听助读是解决阅读障碍青少年阅读问题的一种重要方法。具体来说，听助读到底有哪些好处呢？

（1）声音提示有助于降低阅读的难度

对于识字量和词汇量小的孩子来说，声音可以提供不认识的字词的发音，通过让他们跟读，来理解阅读材料的内容，从而对阅读内容产生兴趣。在听助读过程中，文字的语音、语调、语气、断句等也提供了理解文字的线索，减轻了学习时的视觉负担。

（2）有利于深度加工和理解

有阅读障碍的青少年在阅读尤其是朗读时，往往会出现语调错误、字词读音错误、断句错误等。这是因为他们的阅读还没有达到自动化，他们的主要精力都集中在对文字表面信息的加工上了，这在一定程度上影响了他们对文章深层含义的理解。借助听助读的方式进行学习，可以减少认知资源在文字表面信息加工上的消耗。有阅读障碍的青少年可以将更多的认知资源用于有效的精加工和深度加工。因此这在很大程度上减轻了他们的认知负荷，提高了他们的理解能力。

（3）听与读相结合有助于阅读的流畅

听助读的材料不单单是训练听，还包括对阅读的训练。一般材料的使用要结合相应的读物，先听后读、边听边读、或先读后听再读等。由于有阅读障碍所谓青少年在听的过程中对文章会有一定的理解，因此在阅读相应的文章时就可以根据之前的理解来猜测一些不熟悉字词的意思，这在加强他们对文章内容理解的同时，加强了他们对部分字词的音、义的记忆和理解，从而提高了阅读流畅性。

（4）听助读材料可以重复使用

听助读材料为有阅读障碍的青少年提供了一个可以反复使用的教材。课堂上老师的示范朗读，只能听一次，一不留神就错过去了。而听助读材料可以反复听，可以根据孩子的水平调整播放速度，可以有针对性地精听精练，也可以作为泛听或知识提升的听力材料，并且可以根据学习的不同侧重点选择不同的收听方式，结合相应文字材料，加强对部分发音的学习，加强字形和读音的结合学习。同时由于对文章内容有深刻的理解，因此可以结合字形、字音和词义学习，并通过形、音、义的结合，积累阅读技能和技巧，有利于阅读自动化的形成，从而全面提高阅读能力。

3. 使用听助读材料的方法

那么怎么使用这些听助读材料呢？具体的方法有很多，家长和老师可以结合青少年的具体情况或学习的侧重点采用具体的方法。比较常用的方法如下：

（1）读后听

这适用于词语比较简单的知识积累型学习材料。儿童读起来虽然比较吃力，但还能够基本准确地进行阅读，而且也能对文章内容有比较正确的理解，只是部分词语的读音不准确，断句有时出错。这时，可以尝试使用这种方法。

（2）边读边听

这比较适合于学习包含较多新字词的材料。边读边听可以使青少年即时结合读音和字形，有利于学习新字词。当然这时听助读材料的播放速度应该慢一些，让孩子有时间来联合视听信息。

（3）只听不读

这适用于侧重知识的学习和理解而对字词记忆要求不高的文章的学习。这是国外很多听助读材料的主要形式，考查青少年对文章的理解用的是口头形式。但因为在国内还没有专门的针对性考试形式，这种方法一般只作为不增加青少年阅读负担，同时扩大其知识范围的一种方式。这种方式虽不能直接提高青少年的阅读能力，但可以提高青少年的知识水平，对其阅读能力的提高有间接的促进作用。

（4）听后读

这适用于包含新词较多，阅读难度较大的文章。儿童在熟听的基础上，再进行阅读。

除了这些方法之外，结合青少年的阅读水平和知识水平选择相应的听助读材料，也是进行有效的听助读的重要影响因素，家长对此应加以重视。另外，考察听助读材料中的理解问题也是选择材料时应考虑的重要方面。简单的文章，刁钻古怪的问题并不一定有利于青少年的理解。

二、颜色覆盖法

注意力不集中、阅读时易疲劳等现象经常伴随着有阅读障碍的青少年。黑白印刷的文字，由于缺乏鲜艳的颜色刺激，无法激活青少年的视觉神经，易使他们产生疲劳，注意力不能长久集中。而当我们把文字变成彩色时，就可以有效地提高青少年的注意力，并提高青少年对文字的兴趣。

颜色覆盖法就是指改变文字的印刷颜色，最好用两种以上的颜色印刷，比如一行用蓝色，一行用黄色，这也是提高青少年阅读效率的一种方法。这种颜色差异可以有效地预防青少年阅读过程中的跳行、漏行等现象。在引导青少年阅读时，还可以有意识地让青少年注意某一种颜色的字而忽略另一种颜色的字。

如果这种印刷读物不易找到的话，家长可以自制材料，使用黄色、蓝色、红色等各种透明塑料卡片覆盖在书本上，这样文字就有生动的颜色了。

如果书本已经是彩色的，也可以使用这个方法来改变原有的颜色，使色彩丰富多变。如将黄色塑料卡片覆盖在书上时，就会使黄色印刷的字变得不明显，甚至看不到，而蓝色的字颜色会变深，甚至变成了黑灰色，这种颜色刺激使孩子的阅读变得容易了。

三、扩大视野训练法

1. 限时训练

可以经常对孩子进行限时训练。在读某一篇文章时，给孩子限定一定的时间，让其力争提前完成，但要尽量读懂弄通，不漏掉基本意思，也不曲解基本内容。这可以使孩子养成阅读时快速加工和高度集中注意力的习惯。可以有针对性地选择比较长的句子，先进行训练，达到一定效果后再进行整篇文章的训练。

2. 卡片训练

用硬纸板剪成能看3个字、4个字、5个字等不同宽度的长方条洞，阅读时先用 3 个字的纸板覆盖在阅读材料上，当第一块阅读孔的内容读完后迅速移动纸板。通过一段时间的训练，孩子可以达到快速看 3 个字的能力，这时就可以增加一些难度，让孩子试着用 4 个字的纸板，再用 5 个字的纸板。在训练了一段时间后，撤掉纸板，让孩子用学到的方法阅读句子，家长有意识地指导和监督。

3. 选择性阅读

有重点地读信息，如主语、宾语、动词等。让孩子忽略生字词，并结合上下文对生字词的意思进行大胆的猜测。